U0336922

健身工作室运营管理讲义

廉家润 陈柏龄 著

机械工业出版社
CHINA MACHINE PRESS

在当下的国内健身机构中，大部分的经营者都是以简单的“场馆提供者”身份而非“健身服务提供商”身份出现的，这种老方法很难在现今的健身市场获得成功。

健身行业一直缺少系统性的经营方法论，大多数健身工作室的经营者仍然处于“孤军奋战”的模式，更没有“实战复盘”可以参考借鉴。每一个坑，每一位健身行业从业者都只能、也必须亲自踩一遍。不少经营者只能凭借个人的经验、过往的阅历、一腔的热血来运营门店，最后常常不尽如人意、有的甚至头破血流。

这是一本能够在极大程度上满足健身从业者需求的书。作者廉家润通过对其过去9年间经营20家特色健身门店的实战经历复盘和经营理念、经验教训的分享，以及上百场授课培训的精华总结，并由作者陈柏龄精细梳理、填充观点，形成了一套系统化、专业化的健身工作室运营管理讲义。意在为从业者提供切实可行的健身运营管理实操指导，帮助从业者稳步经营、少走弯路。

图书在版编目（CIP）数据

健身工作室运营管理讲义 / 廉家润，陈柏龄著. —北京：机械工业出版社，2024.4
ISBN 978-7-111-75495-4

Ⅰ. ①健…　Ⅱ. ①廉…　②陈…　Ⅲ. ①健身运动－运营管理－研究　Ⅳ. ①G811

中国国家版本馆CIP数据核字（2024）第066217号

机械工业出版社（北京市百万庄大街22号　邮政编码100037）
策划编辑：徐曙宁　　　　　责任编辑：徐曙宁　仇俊霞
责任校对：韩佳欣　李小宝　　责任印制：郜　敏
中煤（北京）印务有限公司印刷
2024年9月第1版第1次印刷
165mm×235mm・16.75印张・1插页・187千字
标准书号：ISBN 978-7-111-75495-4
定价：68.00元

电话服务
客服电话：010-88361066
010-88379833
010-68326294

网络服务
机　工　官　网：www.cmpbook.com
机　工　官　博：weibo.com/cmp1952
金　　书　　网：www.golden-book.com
机工教育服务网：www.cmpedu.com

"01

序一　持续创业者的商业复盘

今年是我进入健身行业的第 9 年，很开心和柏龄共同创作这本《健身工作室运营管理讲义》。

这本书是我在健身行业创业经历的完整总结。它涵盖了我多年来经营实体门店所经历的心酸与痛苦，也记录了我收获的乐趣与骄傲。

对于现在和未来想从事实体健身工作室创业的经营者来讲，这本书是非常难得和有价值的方法论。

2015 年，我跨界进入健身行业，创建星健身。这是一家顶尖明星私教工作室，刚开业便吸引了大量的行业目光，可以说是树立了健身工作室领域的标准，并且至今依然是行业内的标杆品牌。

2016 年，我创立了新鲜健身，想在星健身之后，继续放大潮流时尚的工作室业态，向行业内持续不断地输出更好的产品、更优的服务。

2016 年，我还创立了星健身学府，希望通过不断地总结，以课程、音频或文字等具象化的形式，把知识留下来。目前，星健身学府课程平台累计课程数量已超过2500节，可以方便业内同行更快捷地获取健身运营的知识内容。

从 2015 年到 2023 年，8 年来，我几乎讲遍了每一场健身大会，培训人数已超过 3 万人次，每年都会在 CHINAFIT、IWF 上海国际健身展、FIBO CHINA 等行业大会中分享我们的课程内容。

工作 20 余年，我持续受稻盛和夫先生所言的“利他精神”影响。我和我的团队在做的每一件事情都是希望能够真正帮助到他人的，极致利他。

今年，我和柏龄将我过去所有的健身运营管理经验再次复盘，落到笔尖，沉淀成文字，它们将不再是过去培训大会上那些导师口中高深的口念心法，而是从底层逻辑出发的分析梳理。我们对健身运营管理从底层逻辑上进行拆分，将数据化思维、文化价值观、人力资源管理、沟通领导力、课程产品化、引流邀约、品牌营销、工作室连锁加盟这八大模块落到文字上进行逻辑梳理。在此，非常感谢柏龄花费的大量心血。

这本讲义的内容还包含了教练执教服务的专业标准，管理者的业务工作要求和应具备的领导力。当然还有我们星健身和新鲜健身的门店空间使用、店面装修设计、课程产品可视化、服务流程化的理解与应用等一系列的实用、有价值的内容。

我相信，当你拿起这本书翻阅时，你能感受到我的脉搏。我很希望这本书可以帮助你在未来运营管理的路程当中能多一份蓝图，少一些艰辛。

廉家润

“02

序二　健身工作室的实战指南

健身行业一直缺少实战型的经营方法论。

我与廉家润老师合著的这本《健身工作室运营管理讲义》，是国内第一本系统地梳理健身、瑜伽、普拉提工作室管理方法的手册，也是健身场馆中国本土化经营理论构建的第一步。

从 2015 年开始，健身工作室业态在中国兴起，至今已经走过 9 年的时间，健身工作室已经形成相对稳定的“经营范式”，并且沉淀出了一些有效的实战经验。

在撰写这本讲义之前，廉老师跟我说，“每一个开工作室的老板都踩过无数的坑，遇到过无数的困难，经历了九九八十一难，才能够获得有效的行业认知和实战经验。”说得很心酸，但又很真实。

截至 2022 年，国内以健身工作室经营管理方法为主题的书籍数量几乎为 0，我曾收集过近 20 年间将近 1000 篇的相关学术论文，其中对健身房和健身工作室的研究大多数也只局限在宏观层面和数据分析层面，真正下沉到经营管理层面的极少。

可以说，在目前，大多数健身工作室经营者仍然处于“孤军奋战”的境地，没有“实战复盘”可以参考借鉴。每一个坑，每一个从业者都必须亲自踩一遍。

不少经营者只能凭借个人的经验、过往的阅历和一腔的热血来管理门店，最后常常不尽如人意、有的甚至头破血流。如果在这之前，有一个引路人，有一本“实战复盘”的图书出现，也许能够让很多经营者少走很多弯路，也能够让整个健身行业的经营管理水平得到一定的提高。

这本讲义就是一份“精品工作室”经营的“实战复盘”。

这本讲义主要以廉家润老师过去 9 年对星健身和新鲜健身品牌 20 家门店的经营管理经验，以及上百场授课培训的经验为主干，由我对其进行梳理并填充部分观点。将一个人的方法论总结成一本手册，是一件非常困难、工作量极大的事情。最后能够制作出这样高质量的作品，我感到非常开心。

这本讲义从健身工作室的运营管理中的财、人、物三个角度出发，演化出数据化思维、文化价值观、人力资源管理、沟通领导力、课程产品化、引流邀约、品牌营销、工作室连锁加盟等八个模块的内容。

这份讲义最大的价值和特点就在于接地气、能落地，不是抽象地泛泛而谈，而是具体指出了哪些事情应该如何做，哪些业务应该如何思考。作为“实战复盘”，这份讲义不追求内容层面上的“完美”，而实战中则容不得模棱两可、容不得“好好先生”，并不是“这样也行、那样也行的”，而是需要更加明确、更加真实、更加有倾向性，比如：

从框架上看，本书明确指出工作室的运营管理核心在财务、人力、市场三个板块。

在数据层面，本书明确指出经营者需要考虑的八项数据，以及每一项数据对门店生存的意义，并且对坪效、人效、利润和产品结构的利润率有明确的优先级判断。

在价值观层面，不模棱两可，本书明确指出具有什么样价值观的人适合做教练，什么样价值观的人不适合做教练；明确指出教练频繁离职开店并与原门店竞争的核心问题出在老板自身，而非员工；明确提出员工价值观的建立不应是被强加、被设计的，而应当是通过老板以身作则产生的。

在教练招募与培养方面，本书明确指出教练招聘频率要高，不能等要用人的时候再招人；明确讲出教练晋升和薪酬设计的逻辑。

在沟通管理层面，本书明确指出健身工作室不要频繁开会，开会要少而精；明确指出一个合格的管理者一年下来需要做的管理任务有哪些。

作为经营者，拿到这份讲义，你就相当于拥有了一个并肩作战的伙伴，你可以参考这个伙伴对运营健身工作室方方面面的思考。即使你在经营理念上有部分观点与这份讲义不同，但相信这份讲义也能够与你共振，给你带来启发。

我相信，这本讲义能够帮助这个行业的精品工作室经营者、店长和想要成为经营者的教练们，让大家更好、更体面地在这个行业生存、赚钱、发展。

陈柏龄

“03

总论
为什么健身工作室需要运营管理？

为什么健身工作室需要运营管理？因为健身工作室是商业体，商业体就需要运营管理。健身房经营的面积较大，工作室经营的面积较小，不能因为面积较小就说工作室不需要运营。以餐饮行业举例，大酒楼需要运营，50~100平方米的街边快餐店、大排档想要做好也需要运营，这些餐饮机构在经营时都需要有一套流程，否则门店就不能够长期生存。

健身工作室也一样需要运营管理，才能生存得更好。中国的健身工作室可以分为两类，一类是小型工作室型的，一类是连锁型的。这两种类型的工作室有很大的区别。

首先，是标准化流程和目标的不同。

小型工作室更类似沙县小吃的风格，大多数是夫妻档、兄弟档或者加盟店，成员一般不超过10个人。它其实类似手工作坊：几个人谈好了一套规则、流程就可以开始运营了。

对于连锁店或者三五十人的大店来讲，它会更像是公司，通常要有企业化流程。规范化的工作室，一起步就是建标准、做流程，但是非标准化的工作室一起步基本上就是选址，选完址之后就是开店，这种门店通常会开到三五家之后就停滞了。几乎所有小型工作室经营者的想法都是一起步就先选址，只要选址对了，就等于这个店能赚钱，至于后面怎么做就看机缘了。

但如果是连锁型的工作室，无论它创立之初的规模大小，但因为它起步时就是想做一个连锁型企业，因此所有的架构都是基于能够支撑 100 家店，甚至 1000 家店的逻辑去设计的，中田就是依据这样的逻辑运作的。

其次，是创业团队的不同。

连锁型工作室的创始团队大多是 3~5 个人，每个人各负责某一个领域的事务，有做财务的、做市场的、做管理的、做产品开发的……相互打配合。小型工作室则可能是老板一个人身兼数职，做各种事情。

在中国的健身行业里，能开店到 10 家以上的，它创始团队的能力一定是综合性的、多元化的，比如团队中有熟悉人力的、有负责财务的、有了解市场营销的合伙人……

一般来说，如果没有具备人力、财务、市场营销能力的团队，很难做出 10 家以上的连锁门店。一些昙花一现的团队往往是早期拿到了一个极好的点位，在风口期赶上了大浪，从而赚了一笔钱，初始店是盈利的，后来又开了三四家分店，依然能够取得较好的业绩，但是想再扩张到 10 家店的可能性几乎为零。因为整个组织结构和股东都倾向于销售型人才，创始团队中很少有人专门从事人力资源或财务工作，正是因为对这些问题相对忽视，所以很难做到 10 家店。

再次，教练很重要，但不是最重要的。

我认为财务、人力、市场是健身行业最核心的三驾驱动马车。教练只是人力当中的一部分，绝对不是最核心的。看到这里你可能会疑惑，健身行业中不是一直在强调教练的重要性吗？怎么到了这里你又觉得它不是最重要的？

请注意，我们在这里讨论的是健身工作室的运营管理。

还是拿餐饮行业举例，厨师烹饪出的菜品是否好吃固然重要，但经营一家连锁型的餐饮店时，你会把厨师的履历强调得特别重吗？如果你在连锁餐饮企业中工作，他们绝对不会跟你说某个厨师有多重要，而一定会跟你强调供应链才是重要的。

小型的匠人精品店又有所不同，这类店通常会说这道菜是由谁独创的，虽然这道菜很贵，但可能只在这个店才能吃得到。这个逻辑和做连锁完全不同，所以匠人店和连锁店是有很大区别的。

但大多数工作室连匠人店和连锁店都做不到，基本都是风口店：都想赶上一波热潮，如果赶不上就倒闭了。

最后，健身技术只是很小的一环。

我们还想澄清一个常见的经营误区，就是“健身技术”在健身工作室的运营管理中只是非常小的一环，一个技术好的教练确实会给客户带来更专业的体验，但很多经营者过度拔高了“健身技术”的地位。如果想要做一个连锁型的企业，或者想要运营好一个健身工作室，其实更重要的是人力和财务。健身技术只是人力中的一部分，因为人力有两项主要工作——招聘和培训。健身行业会把教练的技术在运营管理中所占比重异常放大，这是对的，但健身教练的技术也只是人力中的一个小环节。

无论是单店，还是连锁型机构，都需要依靠优质的运营管理，才能更好地在这个行业生存和发展。我们可以把这本《健身工作室运营管理讲义》当作健身、瑜伽、普拉提甚至舞蹈工作室运营的商业通识读本，希望能够让各位读者在经营管理中有所启发，不断精进。

04

八大模块的内容概要

我们会把健身工作室的运营管理分为财、人、物三个部分。

“财”部分通过一个模块来讲解：数据化思维；

“人”部分通过三个模块来讲解：文化价值观、人力资源管理、沟通领导力；

“物”部分通过三个模块来讲解：课程产品化、引流邀约、品牌营销。

在讲完这三个部分的内容后，我们还展开了关于工作室连锁加盟的讨论。

因此本书的正文内容由八个模块构成。

第 1 模块　数据化思维

为什么数据化思维会被放在第一模块？数据化思维是一个工作室运营的最底层财务逻辑。大多数开工作室、经营门店的人可能经营了几年，但对数据依然没有概念。

- 我们应当用什么样的财务数据来完成考评？
- 我们的财务制度是收付实现制还是权责发生制？
- 作为一个管理者应该了解哪些数据？

第一章节，我们通过讲解数据化思维来帮助大家搭建工作室财务运营的框架，完成对收付实现制和权责发生制的理解，让大家知道经营者需要读懂哪些数据，每个数据之间的逻辑关系是怎样的。

这些都是一个经营者必须要了解的内容。有了数据化思维之后，课程的定价、薪酬体系、场馆的成本和支出、门店到底是赚钱还是亏钱的基本框架就搭建起来了。

这个部分主要针对的是单店的经营者，如果你有3~4家门店，那么你需要更清晰的数据方法论。但是如果你只有1家门店，那么我们讲义中的内容就会对你有特别大的帮助。单店运营只要把基础工作做好，让大部分数据在均值以上，那么这个店就一定是盈利的。

第2模块　文化价值观

我们公司一直以来都是把文化价值观放到比较重的位置上的。我们认为这个行业的交互核心是“人”，认为“教人做人”比“教人做事”更重要，要把价值观放到最首位。

简单来说，文化价值观就是公司如何教导员工做人做事，如何让员工建立正向的理念，如何让员工感到自己的事业被认可。

链家前董事长、贝壳公司创始人左晖说过要“做难而正确的事情”。他说，要让房产经纪人做成一个有尊严的服务者。我觉得健身行业也是一样的。我们这个行业的很多人做到最后就离开了行业，往往不是因为赚不到钱，而是很多时候觉得不体面，觉得被歧视了，搞得自己也不开心。这就是公司的价值观和员工的价值观不一致所导致的。这一章节主要讲的就是：拥有什么样的价值观适合开店，如何构建价值观，价值观是如何提高团队效率的。

第3模块 人力资源管理

这章最核心的逻辑是：招募人比培养人更重要。

很多从业者会觉得快速招一批人进来工作就可以，但培养人的过程是很漫长的。在健身行业里，可能需要一年以上的时间，才能培养出一个相对不错的员工，但是多数门店很难等待。

健身工作室的经营者一定要用更多的时间去沟通和筛选，必须要把这件事放在更重要的位置。

除了招人，本章中还有其他的重要内容，包括：

- 如何建立你的入职培训体系。
- 如何处理好员工离职的事宜。
- 如何设计薪酬体系和职业发展规划。

第4模块 沟通领导力

健身行业的核心是人，而人和人交互的核心是共情和沟通。

这一章节主要讲领导者如何在日常工作中进行自我约束，如何进行沟通、如何管理、如何开会。

领导者在与客户沟通的过程中，需要做到：聆听客户，理解客户，解决问题，消除担忧，立即行动。

领导者在与团队沟通的过程中，需要做到：以身作则，视人为人。领导者一定要注意沟通技巧，让团队有热情、有向心力、调动所有人的积极性，不要让团队散乱。

第5模块 课程产品化

课程产品化是根据客户需求而制作的具象化课程产品。简单来说，就是根据客户需求，将课程变成标准化产品。

在这一模块，我们主要讲解健身行业课程产品化的发展趋势、私教课程的进化趋势、课程定价与包装对于课程产品的重要性。

产品化 1.0 时代，对课程是从功能性上做出区分的，比如拉伸课、康复课、格斗课、基础常规课。

产品化 2.0 时代，核心是“可视化”和“感知化”，客户不再是基于功能性需求来选择课程，而是通过品牌、视觉、设计、环境场景区隔等因素来让客户产生需求，购买课程。

产品化 3.0 时代，核心是“基于客户需求叠加的多个产品”。比如女生进美容院，说我想整容，调鼻子，丰唇。对自己哪里不满意，她会说得非常清楚，这时候，医生会给她一整套基于她需求的定制化方案，这个方案是多个产品组合形成的。

未来当一个客户走进店里，我们对客户的需求定制一定是多个课程产品的叠加，比如客户想要练臀，门店会向客户同时提供拉伸、体能、增肌等多个项目的组合产品来帮助客户达成训练目标。

第6模块 引流邀约

线下健身场馆本质上是“流量生意”。经营者最关心的是做什么会带来流量。这一章节主要讲解：

- 如何抓住“流量密码”。
- 预售、地推、活动外展、异业合作、转介绍等传统获客手法应当如何操作。
- 如何通过美团、大众点评、抖音、小红书、视频号、朋友圈等线上引流渠道获客。

引流邀约需要做得很细致，这是销售和体验课谈单的前置环节，也是流量运营的第一站。

第7模块 品牌营销

这一章节主要讲解：

- 品牌营销的概念。
- 健身行业内的营销动作。

- 不同阶段的企业和不同规模的机构应该进行哪些营销行为。
- 如何做出客户容易感知的营销方案。

许多工作室的老板对于“品牌”有过分的执念，希望能通过这章内容帮助大家破除执念，正视品牌营销这件事情。

第 8 模块　工作室连锁加盟

这一章节主要讲解：

- 连锁健身工作室的定义、特征，对创始团队能力的要求。
- 中国健身工作室连锁品牌的过去、现状和未来。
- 做成拥有 5 家、30 家、100 家健身门店的连锁品牌所需要的条件。

目录 / CONTENTS

2

文化价值观

人力资源管理

4

沟通领导力

5

课程产品化

引流邀约

健身工作室
运营管理讲义

品牌营销

工作室连锁加盟

1 数据化思维

“01

运营工作室需要关注的数据

我们如果想了解一家健身场馆型公司的运营状况，建议关注几项基础数据，分别是：

1. 营业面积、年营业额和坪效；
2. 房租与现金流；
3. 月营业额；
4. 耗课率；
5. 会籍私教比；
6. 私教平均成交单价与节数；
7. 私教库存量；
8. 人工成本和薪酬。

数据1：营业面积、年营业额和坪效

我们首先需要了解的核心数据当然是门店的营业面积和年营业额。通过这两项数据就可以知晓门店的坪效。坪效的高低基本决定了这家店是否能盈利：坪效较低的门店注定比较难做，因为门店的租金成本是固定的。

所以，紧接着我们需要关心的就是房租。

数据 2：房租与现金流

房租通常是物业费用的总和。一家门店的成本由房租、人工费用、装修费用和器材费用几大部分构成，房租通常占总成本的 20% 左右。

一家店是否盈利主要取决于营业额和房租的倍率。通常，我们以 3 倍、4 倍、6 倍、8 倍和 10 倍为衡量标准。如果营业额为房租的 3 倍，基本就能保本；4 倍，略有盈利；6 倍，肯定盈利；8 倍，盈利可观；而 10 倍则意味着盈利颇丰。

举个例子，如果你的房租是 5 万元，3 倍就对应 15 万元营业额，此时现金流持平；4 倍对应 20 万元营业额，可以略有盈利；如果是 6 倍，则对应着 30 万元的营业额，此时肯定会盈利。

数据 3：月营业额

在制定营业额目标的时候，我们通常会用房租的 6 倍或 8 倍来设计，比如月房租 5 万元，那么月销售额可以制定为 30 万元或 40 万元，我们用它再乘以 12 个月，分别得到的答案就是 360 万元或 480 万元。这就是用财务驱动工作室的运营，用成本考量倒推。当我们定下一年销售额为 360 万元时，月度的要求就是 30 万元，季度的要求就是 90 万元，这是一个基础值。

在薪酬设计方面，以月营业额 30 万元为基准，假设这家店铺面积为 300 平方米，有 6 个教练，那么每人的月均 KPI 为 5 万元。我们可以根据薪酬比例再设计不同的销售提成和课程提点。

数据 4：耗课率

考量工作室的财务数据只看现金流还不够，还要看耗课率。耗课率是特别针对于私教工作室来说的，因为我们不仅要看现金流，更要通过权责发生制来确定利润，所以耗课率的百分比非常重要。

通常健康的耗课率是 75%~80%，也就是本月收入 1 万元，最好能上完 8000 元的课。如果耗课率太低，意味着你的续课和留存没做好，耗课量少了，第二年的营业额就会降低。今年虽然看起来现金流很充裕，但实际上是一些客人不来了，看似赚钱了，明年却会要花更多的钱去买流量。

举个例子来说明会比较形象。

曾经有人跟我聊天说："哥，我挣钱了。"我问他："你怎么挣的？"他说："我的房租是 5 万元，这个月营业额是 20 万元。"我接着问："开了多少节课，耗了多少节？"他回答："耗了 300 节，一节课平均 300 元，耗了 9 万元。"我说："怎么可能是赚钱的？"他说："你看，20 万元减 5 万元，再减去我的人员支出，还剩不少钱呢。"

我给他算了笔账，告诉他，耗课率在 75%~80% 范围内属于合理水平。虽然他的现金流状况不错，但是耗课很低，只有 45% 的耗课率，这对门店的持续性伤害很大。这家门店的耗课量相对来讲如果能达到 500 节以上，也就是 15 万元，那么耗课率是正常的，现在的 300 节显然没有达到合理的耗课量，长期来看，很容易出现业绩和现金流倒挂。

同时，如果耗课率超过 80% 也要谨慎，如果过 90% 就会到达风险线，这样很影响现金流的留存，门店的抗风险能力也会降低。

现金流就是我们的血液，耗课率就是我们的肌肉，它们都是我们的正向值，而负债就是我们的脂肪。脂肪可以通过努力消耗掉，所以当你有现金流的时候，可以通过各种手段，例如杠杆薪酬激励等多种方法来调高耗课率，减少负债，但是如果没有现金流则会立即死亡。

良好的现金流对抵御场馆风险来说是最重要的，因此我一直强调要有权责发生制的心脏，但更重要的是要有收付实现制的铠甲。有了现金流的铠甲，我们可以进行场馆改装、提升专业服务、优化会员服务细节、更清晰地呈现可视化内容等。这些都是现金流可以带来的好处。

权责发生制固然重要，但现金流更加重要。现金流充裕了之后，你可以将其留存在账户中，这样就会更加安心，因为不确定性越来越大，在这种情况下考验的就是经营现金流的能力。

数据 5：会籍私教比

得出耗课率后，我们还需要关注会籍私教比这一数据。该比例是指会籍收入和私教收入的比例，一般我们的比例为 1 : 5，这个比例并不高。事实上，我们的目标只有一个，即确保收入是租金的 5 倍。因此，会籍私教比为 1 : 5 的逻辑是，年卡收入大致等于房租成本。

我在经营自己的门店时，会在财务逻辑上，用会籍卡收入抵消绝大部分甚至全部房租成本。

很多工作室没有做会籍卡，我觉得很可惜，这其实是一个不算低的收入来源。会籍卡的主要财务逻辑就是用来抵消房租。

数据 6：私教平均成交单价与节数

除了会籍私教比以外，我们还需要关注关于私教的几个数值，比如其平均成交单价和节数等，这些数值都是考核的重要指标。通过了解这些数值，我们基本上可以预测一家门店的现金流是否良好，以及门店整体运营流程是否顺畅，逻辑是否清晰。

数据 7：私教库存量

数据运营方面，还需要关注私教库存量，什么叫私教库存量？健身这个行业特别有意思，无论是健身工作室还是健身俱乐部，都是重投资、重地产、重人力，但是没有真正的实体库存，它的库存是虚拟库存，就是我们售卖剩余的时间和课时量，课时量是通过服务来完成的，课时时间、私教时间是通过一天一天结束课程才完成的，所以私教库存量非常重要。私交库存量的标准是什么呢？比如说今年年尾我拉了一个清单，有效期内剩余的课程量可能有 6000 节。这时就要看这家工作室一个月的平均耗课量，如果 5 个教练 1 个月平均只耗 600 节课，每人每月平均上 120 节课，也就是说 10 个月才能消耗干净库存。如果商业健身房的私教库存需要超过一年半以上的时间才能消耗完，那就不用再卖课了，因为这个店以后大概率会面临倒闭。

如果一个店的私教库存量需要超过 30 个月才能消耗掉而且销售率极低，建议老板关闭店铺，因为他不可能消耗得完库存。我们的门店可以在 5~6 个月的时间内消耗掉库存，所以即使是在没有任何现金收入的情况下，我们的财务状况相对而言也比较健康。

数据 8：人工成本和薪酬

人工成本跟薪酬这方面，大多数单店经营者想了解的是，我如何制定薪酬方案，人工成本到底应该怎么制定才是合理的。

健身行业依靠人交付，所以人工成本可能是各个行业里最高的。

在薪酬设计方面，我认为制定发展性的薪酬体系非常重要，经营者一定要有“阶梯概念”。即使是 8 人以内的单店，也至少需要设计 3 档的薪酬，让教练具有爬坡空间。

我认为工作室的销售提点最好不要超过 10%，未来五年，教练的销售提成一定是“趋零”发展，销售提点会逐年下降，这是行业精细化发展的必然走向。课时费不要超过总成本的 40%，总的人工成本不要超过总成本的 50%，这是一个临界值。

以上就是我们需要了解的八项健身运营基础数据。如果你想了解一个公司的基础运营逻辑，研究这些数据就够了。

同时，我们也想向运营者提出三点建议：

建议 1：健身场馆要尽量做多条产品线

大家会经常问我会籍卡、私教课程产品有哪几种，是否要卖多年卡？如果多年卡较多，现金流可能会相对充盈，但是利润率绝对不高，因为它是摊销制的。私教课方面，通常可能会有常规课、拉伸、康复、普拉提、孕产、格斗、电脉冲等多种课程。一家门店如果同时拥有两三种课程，那么它的营业额就不会差，一家店的增长空间基本上在于增加品类和增加消费。

建议 2：业绩再高，也要看耗课率

哪怕门店有很多的课程产品线，业绩很高，也一定要关注耗课率，如果耗课率不高，即使每个月业绩很高，我也会认为他的经营数据并不健康，后续可能会存在问题。

建议 3：了解财务数据，才能运营好门店

了解财务数据有利于帮助老板少走弯路。店可以开，但不能乱开。

我们在与工作室老板聊天时，基本上主要看的就是数据，通过问数据去分析赚钱不赚钱，去判断这家公司的发展前景。健身行业的财务观平均水准较低。这个行业财务是财务，销售是销售，干销售的经常没有一点财务概念。所以这一节只是课前辅导，对于健身创业者或者场馆运营者来讲，本节的内容是应具备的基础知识。

“制定发展性的薪酬体系非常重要，经营者一定要有“阶梯概念”。即使是8人以内的单店，也至少需要设计3档的薪酬，让教练具有爬坡空间。”

“02

工作室有哪些指标较难量化

评判一个工作室的运营状况，除了财务上可以量化的指标，比如营业额、现金流等，还有一些无法完全量化（半量化）的指标，比如新单、续课、转介绍，以及无法量化的指标，比如会员满意度、员工态度。下面我主要来说一下半量化和无法量化的指标。

一、半量化的指标：新单、续课、转介绍的比例

一个健身工作室的业绩主要由三个方面组成：一是新单，二是续课，三是转介绍。这三个指标可以因地制宜、因时制宜地进行评估。

确实没有统一的标准来量化这三个指标。假如工作室单月的经营指标完成得非常好，比如有 50 万元、80 万元甚至 100 万元的业绩，但是你可能需要在这个月结束之后才能知道业绩的具体构成比例，例如新单占比 20%、续课占比 60%、转介绍占比 20%。究竟是这种比例好，还是新单更高、转介绍

更低、续课更高的比例更好？其实这里没有一个特别明确的标准，见仁见智，因为有的地方是流量型，更看重新单率，因此需要不断地拉新单；但有的地方没有流量，就更为看重续课和转介绍的业绩。

为什么这些指标无法完全量化？

第一，不同的场地，评判标准不同，业绩的百分比是浮动的。

第二，新单、续课、转介绍的比例与一个门店最终业绩的因果关系很难判断。这么多年来，我没有听过一个经营者敢硬气地下一个明确的定论：新单占总业绩的比例必须达到多少才算合格，转介绍比例必须达到多少才合格……经营者需要根据实际情况来讨论。

二、无法量化的指标：会员满意度和员工态度

会员满意度

在我们公司的逻辑里，我们认为会员满意度是一个伪概念。为什么？提升会员满意度的前提首先是员工满意度的提升。员工满意度高了，会员的满意度就比较高，但是我们没有真的去评估客人的满意度。为什么？因为健身是一个方圆三公里范围的生意需求，只要在这三公里之内，各方面都能达标，不比同行差，我觉得就不用去担心这个事情。大多数人会把它放到全国和全省的层面，跟很多的同行对比，但实际上健身是一个基于地理点位的同城生意，所以你只需要考虑三公里之内的同行就行了。

那么会员满意度这个指标能否通过转介绍和续课的情况去判断呢？这是很多健身房采取的方法。我们认为，转介绍和续课只能代表满意度的一部分，

不代表全部。满意度是没有真正的衡量标准的。

关于会员满意度这方面，会牵涉到投诉。我们公司对投诉的处理方法是，一个会员来投诉，要看投诉理由，这就涉及到对于员工的罚款、内部警告甚至开除。

但是，我们首先要判别一下会员为什么会投诉。会员投诉的内容往往是希望退款，不想上课了，那就来判别原因，如果是客人的自主因素造成，例如搬家、换工作等，与教练无关，就正常走流程、帮助客人退款；如果客人觉得教练带课效果不好，不想在这儿练了，要退款，然后去别的地方练，那我们就要找教练谈话了，因为这种情况属于服务严重失职。然而在这么多年中，我们并没有遇到过类似的问题。

如果是我们给客人造成运动损伤，或者客人觉得我们的专业度有问题，我们会对教练进行处罚，认真筛查，追究是谁造成的，如果是内部的教练确实有问题，我们也不会遮掩，该怎么处理就怎么处理，因为遮掩是解决不了问题的。

客人申请退款，我们走流程，一般在 7~14 天到账，这都是有标准的。

员工态度

这几年有很多公司在学习阿里巴巴的模式，学习他们的企业价值观，对员工的态度和价值观进行评分。我认为这在健身行业是没有必要的。阿里巴巴这种规模的企业必须通过分值来考评一个人的行为价值观，是因为已经无法通过几次面谈来解决。但是中国的健身工作室多数都是 100 人以下的企业，百人团队完全可以通过大会和沟通去解决问题，所以打分制很容易变成形式主义，反而会把事情搞得很复杂。

我们在这方面的要求比较务实，首要目的就是让团队的人赚到钱，尽量满足自己的物质需求。在精神需求方面，我们一向提倡的就是不干涉，而且鼓励有自己的个人爱好和个人的生活兴趣。

“03

如何评估工作室的价值和效益

一、坪效和人效

评估健身工作室的价值和效益，需要先看坪效，再看人效，最后看利润。

先看坪效

为什么要先看坪效？因为坪效是一个快捷指标。坪效就是一平方米的场地所产生的营业额，每年的总营业额除以场地面积，就能得出来每平方米每年的营业额和产能。比如说场地有300平方米，年营业额是300万元，那坪效就是1万元。再综合房租金额，就可以得出房租占其营业额的百分比。这样就能看出来这家工作室是高坪效还是低坪效。

低坪效就意味着可能不赚钱，高坪效就意味着有利润。如果房租只占营业额的1/4以下，那利润就非常可观了。

再看人效

人效是什么？假如有 8 个员工，那人效就是 300 万元除以 8 个人，得出来的 37.5 万元，就是人效。37.5 万元再除以 12，就是每个员工的月度平均达标值，薪酬逻辑也是根据这个来测算的。

有的店由 20 个教练做出 100 万元业绩，有的店可能是 15 个教练做的，而有的店可能是 10 个教练做的，哪家店的人效高？显而易见是 10 个教练的店的人效高。但是，这三家店中哪家的利润率是最好的？很可能是 15 个教练的店的利润率是最好的。因为 20 个教练的店付了太多的基础工资和社保，它的整体收入不饱和，人员的流动率比较高，稳定性差，营业额反而不稳定。10 个教练的店中可能所有人都是老教练，坪效非常高，个人能力非常强，但是几乎所有教练在课时费这项考核指标上都是满分，因此门店的个人收入非常高，所以导致整体利润率反而不高。

所以 10 个教练、15 个教练、20 个教练分别做同样的 100 万元营业额，很有可能 15 个教练的店的整体利润率是最好的。

最后看利润

在能够达成高坪效和高人效的目标的前提下，就要开始追求利润率了。

高利润率靠的是追求生态平衡。不能一味地迁就老教练，比如让 4 个老教练去做 50 万元业绩，这样反而不如让 2 个新教练和 3 个老教练，加在一起做 50 万元，老教练业绩可以相对低一些，新教练的业绩开始增长，这才属于生态平衡的发展。追求人数最小不是最优解，不能一味地从人数评估。

不能忽视产品结构的利润率

如今，我们不再需要去追求单产品化的销售，而是应将目光聚集于多产品和高利润型产品的推广。比如一家瑜伽馆的会籍卡，包含大课、3~8 个人的小班课、私教课三个部分，比例是 1∶1∶1。在这个比例下，瑜伽馆的利润率才是最佳的。我们在这里说的是一个黄金收益模型的预期值，会籍收入非常重要，会籍收入的比例占总营业额越高，利润率会越高。

二、教练人数比面积更重要

除了坪效和人效，教练人数其实也很重要，假如店面面积以 300 平方米来计算，如果是 12 个教练每人每月完成 3 万元业绩，那么该店一年的营业额基本上在 432 万元左右。此时坪效是 14400 元。

但如果这家店只有 6 个人，同样还是一个教练每月 3 万元的业绩任务，该店一个月的营业额就是 18 万元，全年下来的话营业额就是 216 万元，那么坪效只有 7200 元。

一个是 14400 元，一个是 7200 元，相差一倍，为什么？因为人效是一样的，但人数差一倍，除了固定支出外，剩余部分差别很大，所以健身这个生意首先是“人的生意”。工作室主要以私教为主，除了会籍费的一部分收入以外，最重要的就是私教收入，而私教人数决定了耗课的总体比例。

有些大型的商业健身房，一个店有 30 个教练，一个月可以耗课 4000 节，假设课程单价 300 元，一个月光耗课收入就能达到 120 万元，这样它才能有盈利。

上海某工作室，面积300平方米，有25个教练，月耗课量是2000节或者3000节，那么这家店利润肯定非常好。

当然不是说人越多越好，2016年的时候，我认为1000平方米的场馆应该对应25个教练，现在我认为300平方米的场馆至少要聘请10个教练，因为只有教练数达到某个值，耗课量和利润才能提升。我们做的是地理点位的优势生意，所以需要在一个点位上做持续的加强。点位加强的核心不是增大面积，而是增加人数。

人手多了，成本就上去了，如果想控制成本，怎么办？可以让教练做自由教练，他只需要在上课时来馆里，平时是可以不盯班的，那场内的空间就大大地优化了，而不是这个教练一天只有三节课，但他要盯一天，需要占据一个场地的位置。所以有很多自由教练的工作室，一个300平方米的场地可能可以承载15~20个教练。乐刻健身现在300平方米的面积里可以承载15~20个教练，其实根本原因就是它采取的是自由教练制。

我认为，如今面积只能是考评值，人数才是基础值。

三、人数多了之后，就要提高教练质量

关于坪效，我们以每月房租3万元为例，将目标收入设置为房租的6倍，即每月18万元，此时一年的收入目标就是216万元。如果有6个教练，那么要求每人每月做到3万元业绩，所有人达标，业绩就完成了。

如果我还希望利润更高，利润达到8倍率甚至10倍率，是不是可以增加人手呢？答案是肯定的。所以从6个教练变成到8个、10个，那营业额也在提升，其实不是多开店让收入增加，而是通过教练人手的增加使单店的利润

最大化。

我们有两个新的健身行业商业趋势判断：一是判断一家健身机构的状况时将不再关注体量，而是关注利润率；二是健身机构将不会把面积和门店数量当作利润和营业额的增长标准，而是看单店人数。

在商业理论中，这叫作优势理论模型。如果你开一家400平方米的店，每月房租4万元，假设按8倍率来算目标营业额，就是每月32万元，用10个人来实现这个营业额数字比较实际。

但如果这10个人在门店开业的前8个月内，连每月32万元都没有做到，有可能就是我们设定的模型有问题。这时，我们要考虑的不是增人手，而是做淘汰，提高人的效能，让每个员工先达到每月4万元的业绩指标，再去考虑增加人手。

人数固然重要，但不能采取单纯的人海战术，一味提高数量，不做质量的把控。

四、风险提示

有的教练虽然人效非常高，但我们也会建议多招几个教练。为什么？因为这样的教练一旦有问题，这个店就会被拖垮，这个时候要培养三个以上的新人来顶替这一个人。虽然可能他们三个人的产能才能顶一个老教练，但门店还是一定要先做补充和培训，这样当老教练真的离职的时候，其他人还可以顶上来，但这还是要通过关注整体实际经营情况来判断。

“04

小型工作室运营者如何建立数据思维

一、底层逻辑的重要性

财务逻辑是商业的底层逻辑，运营门店的主要工作其实就是租房、雇人、销售产品，进而获取利润。

建立财务流程的逻辑就是租多大面积的场地、固定成本是多少、投入多少装修成本、招什么样的人和卖什么样的货。在健身行业招人即是卖货，因为“人就是货”，由教练来提供产品服务，教练上课就是交付。

在将这些逻辑都推演出来之后，无非就是设计营业额目标，让门店首先在财务逻辑上是能走通的。很多老板之所以不赚钱，是因为把现金流当成了利润来花，最后出了问题。

大量在十年前运营状况还不错的健身房，现在玩不转了，开始出现倒闭、关店，是因为两个原因：

第一，十年前的房地产经济没有如今这么发达，租金较低；

第二，粗犷经营。那个时候没有那么多的同行竞争，经营者就可以随便定价随便卖，粗犷经营就可以赚钱。

而一旦到了行业变革的时候，常规的惯性思维就容易令他们失败。如今，租金溢价增高，人力成本增长，却有越来越多人开店，内卷造成产品价格开始走低，销售成本提升、固定成本提升的同时还需要将销售单价降低，最终注定没有利润，就会出现倒闭的现象。

所以我觉得财务逻辑是在工作室老板和健身房老板的运营工作中起最大作用的因素，做得好的老板财务逻辑和数据意识都特别清晰。

未来，数据思维会越来越重要，天猫小店这样的电商社区店就是一个很好的实例。

过去，想做夫妻店可以开个小超市、小便利店，维护好邻里关系，用计算器算算账就足够了。到了如今的数据时代，这些夫妻店的销售效率绝对不如电商社区店来得高。为什么？

这些电商社区店会抓取大数据，获取客人的偏好，系统会提出补货建议，你只要下单，就会由配送中心帮你配送到客户的收货地址。这些小店在很多商场和小区楼下都有，通过大数据告诉你什么产品好卖。

电商社区店赚取的其实是信息差、产品差和服务差——店铺商品虽然价格可能略贵一点点，但是可以即时获得用户更为精准的需求。健身工作室未来的发展趋势也是这样的，学会看数据、具备数据思维是大势所趋。

二、充分利用 SaaS 系统挖掘数据并进一步利用潜力数据

如果要学习数据运营，第一步就是学习利用好 SaaS 系统，通过 SaaS 系

统帮助一个门店建立直观的数据化呈现。

当门店的当月营收、当月支出、课时费、耗课金额，每个销售和教练的单月平均耗课量、单月耗课总量、最高销售额等数据一目了然的时候，你会对店和人的考评更加清晰。

所以做 SaaS 系统是帮老板建立数据关系和数据逻辑思维的第一步。

第二步，我觉得如果一个创业者一定要学知识，尤其是学财务、税务知识，这些是创业者的必修课，然而很多老板都没有相应的基础知识。

通过 SaaS 加上财务、税务相关内容的学习，就能帮助一个初创者基本掌握一定的数据运营基础了。

数据的进一步利用

接下来就可以通过对数据的解析去提高门店的运营效率，比如耗课。慢慢了解工作室的运营逻辑和数据逻辑，数据样本越多，对数据的了解就越深。

什么是数据样本？比如说两家同样大小的门店，在近似的二线城市，在近似的地理点位（比如都是在小区门口），但是另一家的营业额比我们高很多，我们一旦拿到这家店的数据样本，就会发现数据差在哪里，这个就是我们获得提高和优化的机会。

会盘算所有的数据，同时能跟你聊清楚这件事的老板，基本上这家店不管“长成”什么样子，一定是能赚钱的。但是如果一个店装修得特别漂亮，老板天天跟你聊装修，聊设备和教练有多好，然而，他不了解财务，我认为他的店一定是无法长期经营下去的。

三、其他建议

在这个行业里，如果经营者自己的财务观念不佳，想要系统学习确实很困难。在中国，商学往往被视为一个大而空的成功学概念。因此，越是传授高阶知识的老师，越不屑于讲解基本的财务逻辑。而税务的培训内容往往只会跟你讲述如何节税，而且这类课程面对的客户通常都是大企业，很少有面向小微企业的课程。

小型工作室的老板需要全方位地了解每个领域，他们很少通过雇人来解决问题。大型工作室的老板则可以通过了解框架理论，在每个岗位上雇佣合适的人。大型工作室的老板是找框架、找逻辑、然后找人，而小型工作室的老板需要亲自处理每个问题，所以小型工作室的老板反而最辛苦。

在数据方面，多参加一些行业大会，听更多的经营者讲，你就能知道其他人是怎么思考门店数据的，自己也会理解得更全面、更深刻。

“很多老板之所以不赚钱，是因为把现金流当成了利润来花，最后出了问题。”

文化价值观

01

小型工作室需要文化价值观吗

很多商业管理书籍和培训中经常会提到“一个企业需要使命、愿景、价值观”。那么小型工作室需要自己的价值观吗？他们会有自己的价值观吗？在我们看来，小型工作室比大店还需要价值观。

工作室有两种价值观来源，一是老板的价值观，二是教练的价值观，这两者对工作室的影响都特别大。

一、老板的价值观就是工作室的价值观

东方的管理哲学以人为主，“老板文化”就是企业文化。老板是什么风格，公司团队就是什么风格。外资企业则可能老板是一种做派，职业经理人是另一种做派，跟老板完全不一样。但在中国，你去趟门店就能感觉出来很多门店的风格都是来自于老板的喜好。

老板如果朝令夕改，那么整个工作室也都变成朝令夕改的状态；老板如

果不守诚信，整个工作室要守诚信就很难；老板如果崇尚弱肉强食，那么整个工作室就很有可能不会有“规矩”。

二、教练价值观的影响

大店可以通过流程化来减少对人的依赖，就像麦当劳、肯德基一样，对员工的依赖度会低一些。但小店非常依赖人。

一家300平方米左右的健身工作室，可能只有6~8个教练，他们几乎是靠一个团队的热情、凝聚力和教练之间的关系、会员之间的关系来维持的。最可怕的并不是教练业绩低，而是教练能力既高又与老板的价值观有偏差。

教练价值观有问题，但是老板还想利用他挣钱，这是我见过最贪心的情况，出事的门店通常都是如此，结局也往往最惨。

这类教练有时会在离职之后拉着会员在附近开一家店，老板就开始抱怨，大意是说这个人如何不好。但我认为双方都有问题：首先，老板应该避免贪心，让那些价值观不合的人先离开，而不是等到他们实力强大时，再想办法让他们离开，因为这种情况下往往会两败俱伤。其次，教练的理念也存在问题。

我们见过很多在原工作室附近开店的前员工，我们觉得大概率老板自己是有一定责任的，在现代企业管理中不可能都是员工的责任而企业没有问题。

我不会去质疑或评价我的员工，因为我们的员工都很规矩，不会在我店的三公里范围内开店。在过去的日子里，我们也没有出现过这种情况。然而，我们遇到过很多工作室，出意外后都是教练拉着会员在三公里范围内再开一家店，甚至在一公里之内就开店，更有甚者，在对门开店、楼上楼下开店，这种结果真的是两败俱伤，两家都会倒闭，大家都会很难受。而且现在团队里留下的成员如果看到这种情况也会非常尴尬，团队氛围一下就从过去那种热情奔放且信任变成了一种很微妙的关系。

我听过的这种狗血剧情非常多。这类情况如果只是出现一次，很有可能是教练个人认知的偏差，这还能理解，但如果出现两次或以上，一定是老板的问题。

因此，我认为在公司建立初期，文化价值观比业绩更为重要。

“我们见过很多在原工作室附近开店的前员工，我们觉得大概率老板自己是有一定责任的，在现代企业管理中不可能都是员工的责任而企业没有问题。”

02

价值观与开店

一、健身行业是“人”的行业

健身场馆是以人而非物为驱动的生意。

互联网科技即使大举进入健身行业，也是用来提升教练的效率而不是取代教练的。因为教练是一个提供有温度的服务的职业，有温度是教练的特色。健身行业，人这个因素的重要性占到65%以上，而像麦当劳这样的连锁餐饮，人的重要性就没那么高，它们提供了一个标准，把从供应链食品厂拿出的产品做二次加工就可以了。但我们提供的是服务，所以人的重要性会占很大的比例。

健身行业跟连锁餐饮行业的主要区别有三个：

第一个是餐饮业产品的生产和交付不同时，如果菜品有质量问题，可以不给客户上这道菜；但私教课程的交付并非如此。私教课程的交付是教练在上完这节课的时候就完成的。

第二个是在健身行业中消费者是深度参与的，这意味着你很难像对待餐饮业一样，让私教做到标准化，除非是团课。

第三个是，与餐饮业不同，健身行业你的流程做得再好，也只能保证教练教学的下限，没有办法保证上限。

这个是健身行业和餐饮业最大的不同，因为人在健身行业里面的参与程度太高了。

二、什么样的老板不适合开店

1. 很难信任他人或者不懂得如何尊重他人的人不适合开店

我曾见过一些老板批评教练时，不是就事论事，然后告诉他该怎么做，而是针对教练本人进行侮辱。我认为这样的人不适合开店，因为他们最终会自食恶果，也许会暂时赚到一笔钱，但很快就会失去了。星健身能获得今天的成绩，原因之一就是我们足够尊重团队的伙伴。我们相信，尊重团队中的伙伴是建立一个成功的企业的基础。老板不仅仅是雇主，还是团队的一员。

2. 体罚员工的老板不合适开店

2019 年之前，很多机构会体罚员工，比如罚吃生鸡蛋等，这种情况如果发生在 20 世纪，我可能可以理解。但是在如今，这样的做法越来越不可行了。因为不少“95 后”一代人自主认知很强，他们都在按自己的生活方式来生活，如果你让他们不开心，他们就会离开。健身行业也早已过了野蛮生长的阶段了，现在没有一家公司可以去体罚员工。

星健身的价值观采用了谷歌的“不作恶”原则。我告诉了我的团队，如果你认为某些事情不道德，就可以不去做。因此，我们不会去做任何伤害他人的事情。

我们公司不会采用体罚这种方式，因为我们认为人的激励应该靠自我驱动，而不是靠谩骂和侮辱来解决问题。所以我们公司在最早学习了同行业的商业课程之后，将流程保留了下来，并进行了优化和删减，将所有类似体罚的处罚方式全部取消。

教练如果没有兑现承诺，被要求去外面跑 10 公里，让他们感受没有兑现承诺的代价，我觉得可以接受。但如果处罚涉及侮辱性，比如让教练套上黑丝袜，在跑步机上跑步，并拍下来记录，我认为这是不可接受的。我曾经看到几个女孩在瑜伽馆签了承诺书，如果她们没有兑现承诺，就要去跑10公里。当其中一个女孩没有兑现承诺时，她们团队的同事在她完成惩罚后备好鲜花等待她，鼓励她下次做得更好。这是激励而不是侮辱，我认可这种激励方式。

时间会洗牌，去芜存菁，淘汰坏的，留下好的，留下抗风险能力强的，价值观正的。未来的健身行业对于行业里的人来说一定会越来越好，会体罚员工的老板不适合开店。

“03

文化价值观可以提高团队效率吗

一、文化价值观的重要性

说到文化价值观，国内有两家做得很好的健身企业，一家是中田，一家是健萌。中田会反复提及“实事求是”“为人民服务”“批评与自我批评”，健萌有“思想统战部”。精神同步之后，大家行动就容易一致——你跟员工说一件事情，员工就会相信，就会构成上下同欲，同一个欲望、同一个愿景，目标一致。

其实在人力资源管理领域中，专家经常会讲“一个公司的个人业绩呈现，就是员工的价值观结果呈现，如果员工价值观正确，他一定能呈现出好的结果”。一个人如果连他所从事的事情都不认可，那他一定很迷茫。当员工身处价值观迷茫期时，就要给予他足够的疏导，只要做好价值观疏导，他就会按照你的方向、你的步调去走，坚定不移地走。

我们公司一直在强调愿景和价值观，而且讲得特别频繁。每个月可以不讲专业知识，但一定要强调文化价值观。

我会经常背诵公司的使命、愿景、价值观。我一直在强调："要通过自己的专业知识和优质服务赢得会员的尊重，体面地赚取收入，持续成长，并成为更好的自己。"这句话我们公司已经说了几年了，我们一直在坚持这个信念，并不断让别人相信这个信念的正确性。

二、正确的价值观是什么

什么样的价值观可以提升团队的整体效率和凝聚力？其实很难衡量。人的效率是基于很多因素综合形成的，不能说只通过价值观就能影响。

即使这样，我依旧认为正确的价值观对团队的效率和凝聚力的提升能够起到积极的作用。

正确的价值观，第一就是前文中提到的不做恶。

第二是利他。利员工，利客户，利合作伙伴。企业的价值观是一定要符合社会价值的，要以能够为社会创造新的价值为目标而存在，而不能只是利己的，因为没有一个生意能够只靠利己做大，一定是需要去利他的。

未来的企业标准就是利他哲学，你的利他性越强，企业的生存率越高。很多人在这个行业待三年就混不下去了，其实都是因为只想要利己——利己主义让别人看透了，别人就不再愿意帮他了。利他精神是价值观的基石，需要你能帮助到别人，助别人实现价值。

第三是尊重员工。我们尊重客户、尊重员工，尊重所有这些企业发展中离不开的人，这是我们的价值观。只有尊重员工，才能团结员工，员工满意了，客户才能满意。

关于价值观，我需要强调一下，可能很多读者看到这里就认为“难道我要做一个慈善组织吗”？并不是如此。

我和柏龄都认为在企业文化中执行力是很重要的。企业是一定要盈利的，但前提是在不作恶的原则上去努力实现它的自我价值。企业赚钱是商业道德，如果企业都生存不下去，就不用谈社会责任了，更没办法去帮社会创造价值。

所以在坚持正确价值观的前提下去赚取利润是一个企业最基础的商业道德，持续赚钱然后反馈社会。我觉得其实企业是有销售性的，或者说是有销售指令、销售服务、销售流程的。

三、价值观塑造幸福感

我认为价值观就是让员工找到他自己的幸福感，我们做老板的就是应该不断地给员工创造一些小的惊喜或者小的纪录，然后为他们做价值感的塑造、做归属感和文化价值观的建设。

创造一种可以深入骨髓、让员工感到骄傲的企业归属感，这件事情做到了，就留住人心了。如果员工特别喜欢这家公司，又对于这家公司的对外形象展示感到无愧于心，他为什么要去别的地方？没必要。所以我们的员工流失率比较低。

四、文化价值观可以解决留人的问题吗？

我认为，留人的关键就三件事：钱、宏愿、工作氛围。

在人力资源管理中，有两件最重要的事，第一是招聘和选拔，第二是培养和教育。整个流程中最重要的就是人力的选拔，在选定员工之后，培训企业的价值观就需要提上日程。

文化价值观是留住人才最重要的核心。我的伙伴们愿意留在星健身这个团队这么多年，并不是因为高薪资，而是因为舍不得这些相互欣赏且关系默契的同事。因为换工作意味着工作氛围也会有变化，重新适应也是挺难的。

04

如何构建文化价值观

一、只有创始人构建的文化价值观才能长存

一个企业的文化价值观构建有两种方式。

一种是老板以身作则，带动别人模仿他。其实老板自己可能都没有意识要构建一种价值观，但是他只要在领导岗位上，他的价值观就能影响到别人，其他员工可能就会跟随他或者模仿他。

另一种是有意识地构建价值观，而这个价值观虽然可能跟老板日常的为人处世方式并不是特别一致，但是老板能够让这个价值观稳定地留存在这里，让员工执行。

第一种价值观的形成是更自然的。其好处在于这个机构的价值观会非常稳定，但缺陷在于如果老板的价值观不够包容和正向，机构一定会遇到问题。第二种价值观在形成过程中通常会借鉴很多不同的企业，但是缺陷在于执行起来有可能不落地，同时价值观的管理有可能会不稳定。

虽然看起来有两种构建价值观的方式，但其实只有一种方式——第二种价值观构建到最后，也是只有建立在创始人足够认可该价值观的基础上才能长存。

什么时刻最能检验这家公司的文化价值观是真实还是虚拟的，搬运过来的价值观有没有结果？

那就是老板在遇到危难的时候能不能扛起责任、能不能说出彰显价值观的话。

只有基于创始人的价值观才能抵抗危机并长久存在。这也是为什么创业者和老板必须终身学习，因为老板的缺陷会影响公司。我见过很多优秀的老板每天都在学习，我现在所讲的很多内容也都不是我的原创，而是我认同了先贤的思想，将其付诸实践，最终才变成我的内容。我们都会继承先贤的理念，只是有的人把它当成信仰；有的人将其视为事业；有的人则将其视为工作；有人只是口头上说说而已；有的人则将其融入了血液。

二、构建价值观所必须具备的条件

有的人注定不具备构建文化价值观的能力，因为这样的构建，需要创始人先有对人的信任和对这个事情的热爱，先愿意去跟其他人做深度的沟通。有的人就不具备构建这种正向的、利他的、让企业可持续性发展的、让团队效率提升的文化价值观的能力。

创始团队里一定要有一个“政委”负责解决思想工作。在企业中，人力资源负责人就是“政委”，创始团队要通过“政委”跟教练去沟通，这个机构才能做好。我是一个很愿意沟通的人，我愿意陪教练的原因是我觉得把教练当成自己的合作伙伴或者家人，这件事挺重要的。

三、我们公司的做法

价值观只能通过以身作则实现，所以我们来讲讲星健身是如何落实自己门店的文化价值观的。

1. 不用老板的梦想绑架员工

我不愿意用我的梦想去绑架我的员工。原因很简单，我们的父母都不可能要求我们去完成他们的梦想。作为老板又何德何能要求员工这样做呢？我特别希望所有老板都明白：别过早地夸下海口，说自己要开多少家店。开多少家店跟员工是没有关系的。员工只关心这家店能给他们带来什么温暖，关心他们自身的成长发展，其他的事情跟他们没有那么大关系。

只有你自己变得更好了，别人才会变得更好。老板和公司的梦想一定是在员工变得更好之后才能实现。如果员工自己都不开心，又怎么去谈论公司的梦想呢？

我会让我的员工记住，公司不一定会比你的寿命长，再过十年可能公司已经不存在了，因此你一定要记住你的使命是成为更好的自己。在你成长的道路上，我们只是相互陪伴的关系，如果大家认可我们，我们互相之间陪伴的时间就会更长一些，如果大家不认可我们，我们互相之间陪伴的时间就会比较短。

2. 体面地关店

我们公司在 2021 年关闭了成都店。关店前一个月，我们派团队前往店面监督，不卖产品，只消耗课时。直到关闭前的一个月，我们仍在开会，处理相关事项。2021年关店后，我通过视频会议向所有人告别。我说："谢谢你们，让我很体面地关闭了这家店。"其实那家店的伙伴们都愿意继续经营，但我不想让他们冒亏损的风险。我希望他们能理解我：在我有能力的时候，我想体面地关闭这家店，而不是在我落魄、无力偿还债务时关闭，这样既不体面也无法平等、开心地交流。

在这个行业，很多人关闭店铺时都比较狼狈，而我选择通过视频向大家告别。一年后我又去请他们吃饭，所有人都来了。曾经的伙伴们都觉得我像一个人生导师，而不是一个企业老板。我觉得这是企业文化价值观最好的呈现方式，一个公司存在的意义不仅仅是赚钱。赚钱固然重要，但更重要的是这家公司能否影响这批员工。如果将来有一个项目不再做了，我们可以换一个项目再做，但团队仍是原来的那班人，而且此时成功的概率一定会更高。

3．不允许员工染发文身

我们公司不允许员工染发，结果有一个同事把头发染黄了。我告诉他，公司里的其他同事们都不敢染头发，你真的是在找麻烦。第二天他来到公司后，从早到晚被四五个人问到怎么把头发染黄了。此时他知道所有人都不认同他的行为，很快就把头发染回原来的颜色了。你不用再跟他说什么，因为他知道这件事情在公司的逻辑和价值观里是不允许的。

在公司工作时，我们应该遵守公司的规定和遵循公司的价值观。染发是不被公司允许的，因为这可能影响公司的形象和客户的感受，我们需要维护公司的形象和客户的信任。

文身在我们公司也是不被允许的，因为第一印象很重要。如果我们的教练都有文身，在很多人的固化思维中第一眼看到可能会觉得他们是混社会的，再加上教练很壮，有些女生可能会感到没有安全感。

在公司里，如果我看到一个人有不良气质，我就不会招他进来。我们花费了很多精力来挑选人才，是因为我们不会让一个与公司价值观不合的人进来，这些人在我们公司的价值观下是无法生存的。

4. 经常团建

我们公司的团建内容就是纯吃饭。我们公司的“吃饭文化”很好，虽然团建形式极其单一，但是我们却可以保证团队的长期稳定性。

在我们的团队聚餐中，离职的人占了用餐总人数的1/4。饭桌上有家的感觉，有对家人身份的认可，有一种特殊的仪式感。这顿饭本身并不贵，但如果你认同我们，它就变得有价值了。我们在聚餐时只是聊聊天，不谈业绩，更不会讨论会员隐私，我们只聊自己的生活和自己的状态，一起开心地吃吃喝喝。

团建的形式不重要，核心价值才最重要。核心是要让团队待在一起做一些让彼此都舒服的事情。

文化价值观对所有人都非常重要。在我们的价值观中，选人非常重要。我们培养了一代又一代教练，看重的是长远的价值。这件事也许在开始时需要多费些力气，但时间越久越轻松，价值也越大。我们现在教育人的成本是最低的，因为已经带出了一批榜样人物。

有人问我如何让团队这么和谐，我说很简单，只要坚持送他们回家，三年五载，就能知道他们住在哪里。时间久了，这个习惯就成了稳定的团队文化。现在新经理团队加入我们，他们也会用同样的方法对待下属。这就像一个同心圆，每个人都能看到、相信，然后延续下去。我们已经用几年时间证明了这种方法是可行的，现在我们管理人员的沟通成本已大幅降低。员工之间关系很好，我们也觉得很开心，这使我们节省了很多时间成本，虽然前期付出的精力不是一般的多，但也非常值得。

“别过早地夸下海口，说自己要开多少家店。开多少家店跟员工是没有关系的。员工只关心这家店能给他们带来什么温暖，关心他们自身的成长发展，其他的事情跟他们没有那么大关系。”

3 人力资源管理

“01

如何招到合适的教练

一、如何挑选教练

人品第一，性格第二

选教练时，我们首先需要关注对方的品行和待人接物的态度；其次就是看性格，最好是外向型的。

人品最难看透。我们不可能第一时间就了解一个人，但是可以通过他的言谈举止和与其沟通的感受来做出判断。因为我们做的是偏向中高端的偏服务型门店，需要教练做的是沟通服务型的工作。

因此，我一般会首先通过观察教练是否有耐心和是否愿意聆听来初步了解这个教练的服务意识。比如说，我故意迟到了 5 分钟，他的状态是不是还是很好？这就是他的服务意识。否则换成一个客人迟到，他可能会先“教育”客人不能迟到。在这点上，我关注的是他的耐心程度。

其次，在沟通时，我甚至会故意在和他讨论一些训练内容时，发表不同的观点，看看他的反馈，他是否只是一味地说，而不聆听。因为在教练的工作中，聆听很重要。

同时，我们还会看他的性格是否外向。教练是一个外向型工作，我们是服务者，需要快速让别人了解。就像我们在星巴克，服务员会问“先生你要喝什么”，而不是等着客人说话。我们不可能改变一个人的性格，所以性格上相对比较外向，主动乐观积极，比安静不语就会更好一些，因为安静的人会慢热，很难做基础的服务工作。

学习意识很重要

关注完人品和性格之后，我们会再聊学历。因为学历代表一个人的认知水平和学习能力，能展现出这个人愿不愿意学习，爱不爱看书。我们会问他平时看什么书、有什么兴趣，来了解这个人的爱好兴趣。爱好兴趣广泛的人，我们会觉得 OK，因为他更有学习意识。除此之外，我们还会问专业度，基础教练认证是必须的，国际认证可以后期再进修。

但是前面的都是基础值，面试者有学习意识，形象、沟通能力不错，性格也很好，态度比较端正，我觉得基本上就能达到 60 分了。要想达到 80 分，还要看他除专业知识以外，有没有其他的特长，还有哪些让我们觉得特别亮眼的，比如说外形、训练痕迹，这些都是加分项，是招聘教练的前提条件。

二、招聘教练的关键

招聘频率

很多老板说自己招不到好教练，但问题是，你是否真的花了很大精力去招聘？我的工作习惯是每天晚上都会看 BOSS 直聘。我们公司每年花费在 BOSS 直聘上的费用大概是 1 万元，这个网站上我亲自沟通过 5000 人。我有一个会员是外企的人力，他说他一个做人力资源的人沟通过的人数还没有我多。我认为一个老板要花 60%~70% 的精力去面试教练，花大精力去寻找合适的人，因为人是这个行业的核心。

我觉得招不到人的主要原因有两个：薪酬是否过低，是否有在薪酬的竞争策略上做提升；如果薪酬策略、薪酬体系都没有问题，工作环境是否压力较大，整体的工作氛围是不是不好？

如果整体氛围好，薪酬体系也没问题，但就是始终招不到人，我觉得就是招聘频率问题，想想你是不是总是今天想起需要招人了才招一下。

如果这些都没有问题，不可能招不到人。

BOSS 直聘

BOSS 直聘是一个相对来说比较新的但非常重要的招聘通路。

在 BOSS 直聘上花钱买道具可以收获更高的招聘效率。很多人不愿意花钱，觉得不划算。我觉得不是这样，我给大家算一笔账。

假设一个教练的人效是 2 万元 / 月，我们要支付给他的工资是业绩的 40%，但这个教练可以给场馆增加 2 万元的营业额，哪怕他只给场馆增加了 1 万元的营业额，他也会给你带来至少 2000 元的毛利润。

没有时间招聘是借口，如果你没时间，你可以通过买道具提升招聘效率。因为每增加一个人进来，就能帮你带来毛利润增长，相当于提升你门店的利润增长和人力的核心竞争力，这件事情是非常值得花大精力去做的。很多大公司很喜欢去买 BOSS 直聘、智联招聘、前程无忧的广告位，过去我不太理解，现在觉得他们是对的。因为人力没有那么多精力逐个找简历，但可以对投过来的简历进行筛选。所以买道具的投入产出比是算得出来的。

举例说，我们今年招了 10 个新人，到年尾他们一共做了 50 万元业绩，这 10 个新人的招聘成本是多少钱，我们算得出来。我前一段时间经常出差，比较忙，就开始在 BOSS 直聘定时地买道具，因为我需要节省这个时间，如果最近不太忙，我就可以每天逐个找简历。

转介绍

教练转介绍的成功率是高于 BOSS 直聘的，因为这样招聘来的员工对于我们的认知是非常清晰的。他们是通过我们团队离职的或在职的同事转介绍进来的，只要他们愿意来我们这里，就代表他们很喜欢我们的品牌，对我们的文化比较认可，因此我们的前期沟通成本就会比较低。

如果同事转介绍成功，是可以给同事介绍费用，因为每入职一个人，都是团队共同努力的结果。

三、招聘教练的流程

我们的招聘团队一般会让教练先简单做个自我介绍，然后我们会对公司品牌做 5~10 分钟的梳理，包括：我们有几家门店、做了多长时间，我们的业务思路和特点。比如说，我们很在意的不是客户满意度，而是员工满意度；我们没有逼单，所有的消费是透明的，我们也不允许任何人去逼单；如果会员要退费，我们一定能给客人退，我们希望体面地赚取收入。

这些都要跟教练讲清楚。所以大多数教练是比较喜欢我们的价值观，因为他们觉得没有那么心累，后期也可以跟客人讲得很清楚。

跟应聘者讲完之后，大多数人往往会再问薪酬。我们会向他介绍我们的薪酬体系，薪酬定级，还有他的预计收入，以及他大概多长时间内会获得什么样的收益。

同时，我们会讲对应聘者的要求是什么。我们有证书的要求、执教时长的要求、业绩的要求，这些都会讲清楚，让他们自己再来评估。第一轮面完之后，我会进去跟应聘者再聊一次，问他有没有什么问题，我们可以做答疑。结束之前也会说明大家再想一下，做一次双选。

我觉得要花更多精力在选人上，双方都要有思考空间，而不是让教练很着急地进场。如果招进来之后，他做了两天觉得不适合，一个月之后就要走，也很浪费我们付出的培训精力。

四、保证招聘流程的公平性

我们的教练稳定性相对较高，我认为在教练筛选方面越仔细，门店越稳定。

公平原则很重要，在我们公司没有“空降兵”，所有人进来都要从教练做起。如果他想做经理，也需要从教练做起。我们没有太复杂的面试。我听过一些机构招人要面试三、四轮才能留下来，这样如果后期出现需要急招很多教练的情况时，一旦招得很差，老团队的同事就会觉得，当时那么难为我，但现在招进来的人还不如我。

招聘宜简不宜繁，最重要的是审核教练的价值观、沟通意识和态度。不仅是对客人，也包括对团队内部，沟通意识和学习意识都很重要。

五、招聘必问的问题

第一轮面试，会包含应聘者的自我介绍、我们对门店情况的介绍，以及对薪酬的介绍这三个部分。第二轮我一般会让他再自我介绍一次。我们一般是两轮连着面，不会浪费面试者的时间。我看完履历，就开始问问题。

首先，我会看他的从业时间，如果他的跳槽频率特别高，比如3~4个月内跳1~2次，我会问他离职原因。可能大家觉得应聘者说的离职原因都是假的，但我觉得可以听一听，里边真真假假，比如有的应聘者会说拖欠工资，管理手段不好，我会再问："什么管理手段让你反感？"他告诉我开会太多了，我就会问："多久的开会时长，你会觉得反感，你能接受多久？"

其实我们也在判别我们的企业文化价值观里，有哪些是能被他接纳的和不能被他接纳的，他反感的内容可能跟我们正在做的内容有重合。比如，我们管理的手段是比较轻松的，但是我们的要求是严格的，要求百分百执行，他也许不接受，不想被别人管，喜欢自由，那我觉得他可能不适合我们，他更适合做自由教练，不适合做门店教练。我们会讲清楚并重申我们的规则，让他再认真考虑一下是否合适。

其次，再深问一下，他在三年内有没有什么计划、想法或者目标，开店还是做管理，还是做培训？看看他的发展路径，他有没有想法可以跟我分享一下。如果他讲一些自己的想法，我会问为什么，然后再来分析他的动机到底是钱，还是愿景，还是他自己的心理需求。

然后再跟他聊一下当下可以获得的收入。因为离职因素了解清楚了，愿景目标聊完了，剩下的就是我们当下能给予他什么，我们未来能给予他什么。

六、慢慢培养 VS 直接到位

一般来说，招教练有两种逻辑。

一种是直接招一个能力强的，各方面都特别符合的；另一种是先招进来再考察他和公司价值观的匹配度，然后慢慢培养。我倾向于第二种，因为我们不可能遇到十全十美的人。

我亲自面过的不少于500人，也算是有一定的经验。并且我的面试一般都是至少1个小时有时甚至会长达2个小时。我会帮他做职业规划，不管教练愿不愿意进来，我也会给他一些建议，所以我在教练圈中口碑还不错，很多人愿意跟我聊，觉得一个老板愿意花几个小时陪他聊很难得。我认为这是对人的尊重。

同时，我们也能对自己的工作有一个清晰的认知。好的人才进来是帮着公司壮大的，但是进来一个差的人，就能影响一群好的人，这是有成本的。我们发现，后期教育很重要，公司的文化价值观的建设是最重要的。

所以教练进来的时候，有两个事情是很明确的：第一，他的自我改变意愿、改变思维和学习的意识很重要。第二，他不是一个比较闭塞、思维比较固化的人，愿意接受新事物、新的逻辑，能去反思和思辨，这对我们来讲很重要。

我们很少遇到能力模型极强的人，这样的人经常带着非常强势的固化性思维，要他改变起来会比较难。

我们的很多模型、逻辑跟这个行业是相悖的。所以我们对待教练的方式是自我培养。教练进来之后，我们需要用我们的逻辑、文化价值观去灌输，他要认可这件事情，不然他就得离开，我们宁愿再招一个人进来培养，不过我们很少遇到这种情况。比如说我们现在的业务里，能做业务线、业绩好的或者技术好的人，曾经都是小白，他来的时候并不是就这样优秀，大部分都还是依托于后期培养的。

02

教练的晋升机制

在场馆中，教练会根据不同的等级、课程产品，而获得不同的收入，同时也会因为能力的提升而得到晋升。

一、教练的不同等级

在星健身中教练分为 5 个等级，在新鲜健身中分为 6 个等级。我们对于教练的业绩和证书数量是有标准和要求的，教练如果想晋升到第三级的话，必须拥有一张国际认证作为敲门砖，不然无论业绩多高都无法升上去。

教练的晋升路径有三条：

第一，作为我们课程的培训导师。但这类机会不多，因为我们现在比较喜欢跟一些成熟的培训体系合作，而不愿意自己研发，因为研发成本太高了。目前我们自主开发的课程只有一项，剩余的都是合作关系。

第二，作为职业经理人管理我们的门店。

第三，成为合伙人，以加盟商的身份与我们合作。

二、教练的课程产品

在我们的场馆中，有6门基础课程和5门特色课程，特色课程包含了拉伸训练、振动训练、EMS电脉冲训练、格斗训练、还有普拉提。没有教练能够将所有的课程全部掌握，大部分教练可能会2~3门。如果客人有其他课程的需要，教练会转介绍给其他的同事。

每个等级的课程对应的价格是不一样的。所以在我们的门店，教练的课时费差异不小，首先不同课程的收费是不一样的，其次是教练的等级不同，收费也不同。不同教练教授相同的课程，获得的课时费也是有所不同的。

三、教练的职业规划

教练的职业规划应该考虑到其个人的性格和追求。我会问教练，你想要什么？要实现这个追求，需要做些什么？我会向我的团队同事说，如果你喜欢管理，后期我们有很多门店可以让你尝试和学习。但我认为在这个行业中，要先把基本功做好。

如果教练想加盟开店，其实来我们这儿就不是来应聘了，而是来做合伙人的。如果他进来的时候能力不足以开店，就需要让他先学习最基础的知识。因为一般在我们的体系里，教练成为合伙人后，只有做到3~4家门店的时候，才会完全脱离授课工作。

此外，我们的合作教练即使投资了一家店，也需要授课。因此，我认为教练在一线授课和教学是必须的，只有在一线了解业务，才能更好地服务客户，也能更好地理解教练的处境。例如，我们不会进行过长的会议，因为教练非常辛苦，一天下来的课时量很大，所以我们不会过度消耗他们的精力。

四、新教练入职的流程和培训手册

过去两年，我们为每位新教练提供了一个代码，用于使用我们的在线系统，同时提供了一本 100 页的手册以及相关二维码。他们可以按照导览进行为期 12 周的学习，每天按照流程扫码打卡。这种方法可以帮助教练成长。

所有新门店需要在开业第一个月内接受严格的监督和检查，之后我们不会过多干涉。新门店在开店一个月之后，也会开始拥有自己的客户和时间安排。我告诉团队，如果有人不愿意学习，就不要再教他了。因此，所有的员工学习必须是主观驱动的。我们需要更加努力的人加入我们的团队。

这么多年过去了，许多导师虽然已经离职，但与我们仍然保持着同盟关系。现在，我可以邀请任何一位离职老师来为我们现有门店的教练提供培训。在业内，很少有离职导师会进入原工作门店进行培训，但我们可以做到。在我看来，这是一种可以无限复用的东西，就像同盟关系一样。我们团队里曾经的优秀同事把认知沉淀下来，我们是站在前人的肩膀上一步一步向前发展的，因此可以保持相对优良的传统。

五、教练可以兼职保洁和前台吗

举一个实例来分析一下，一个 150~300 平方米的工作室，如何去设置员工的岗位配比？全是教练？保洁、前台应该如何设置？需要老板身兼数职吗？在什么样的情况下需要有分化的岗位？

什么时候、什么条件下，这个工作室是可以不需要有保洁和前台的？什么情况下需要有保洁和前台？

工作室需不需要有保洁和前台这个事，也是一个挺有意思的基础话题。

在一线城市，一个外包的保洁人员薪资大约为3500~4000元/月，一年下来就是将近5万元，这个成本不低，因为对于一个年收入200万~300万元的门店来说，也占了总收入的1%以上了，甚至，它可能会占总营收的2%，这2%值不值得用于支付保洁工作呢？那什么样的店需要有保洁岗位？如果你的定位为中高端，而且教练人数相对来讲并不多，但是课程量很大，也就是人效非常高，那么完全应该雇佣一个保洁来做服务，让教练去专心上课；但如果你的门店人数是增长型的，比如有十多个教练，很多新人是没有事情做的，那么他们完全可以去承担一部分保洁工作。

某些地区的连锁门店从来就没有保洁外包的概念，全部是自己的教练在做，教练也能接受一些简简单单的不是很复杂的打扫工作。至于保洁的数量，1000平方米的门店大概需要两个保洁，如果是300~500平方米，一个保洁足够了，周末的时间可以让自己团队来打扫。如果要在保洁和前台中选择的话，我觉得保洁比前台的意义更重要，前台存在的意义更小。但是如果你的门店只有200平方米，四五个教练，我觉得都不用保洁了，还是买几个扫地机器人，自己人做一做就好。

所以在我看来，小型工作室类型的门店，并不一定需要保洁跟前台。特别是前台，是一定不需要的，但是否招保洁可以根据自己的定位来进行判断。

比如像普拉提工作室，门店都铺设的木地板，买几个扫地机器人就行，并不需要保洁人员，这样长期下来可以省下更多的成本。

特别是还处于单店的时候，以店为家的思路是很重要的。我们真的需要去爱护这个门店，因为氛围和客人的感受是由教练团队共同维护的，而不仅仅是由客户的私教教练单独负责的，这一点需要所有的教练达成共识。门店的会员进来，不应该只有一个教练照顾到位，其他人都不打招呼，表现得很冷漠，而是所有人都应当很热情地去主动沟通，共同维护。

“我们为每位新教练提供了一个代码，用于使用我们的在线系统，同时提供了一本100页的手册以及相关二维码。他们可以按照导览进行为期12周的学习，每天按照流程扫码打卡。这种方法可以帮助教练成长。”

03

工作室应该如何设置薪酬和激励制度

一、不同类型工作室的薪酬设计逻辑

不同类型的工作室考虑薪酬设计的时候，比如说小型工作室、企业连锁型工作室、传统商业健身房等，其薪酬设计逻辑有什么不同吗？

我认为，底层逻辑是没有区别的，都是要把成本控制在合理范围内。在健身行业，房租会占成本的20%左右，如果房租占到总成本的比例超过25%，那肯定不赚钱了。人力成本是最高的，特别是私教工作室，健身教练的薪酬往往会占到总成本的40%以上，这几年还有上升趋势，有可能占到总成本的50%。所以，私教工作室的底层逻辑就是控制成本。

在过去，很多工作室的销售提点在20%，有些工作室会达到25%，而课时费提点只有大约15%~20%。这么做就会出现一个问题，教练会喜欢销售而不喜欢耗课、不喜欢提供服务。无论是工作室还是商业健身房，最核心的底层逻辑是你更在意销售，还是更在意耗课和服务？

工作室是靠留存生意为主，以长期服务客户、获取客户的终身价值为中心的。在此基础上，销售提点不宜设置得很高，应在耗课提点的 1/2 左右。假如以 45% 来计算总提点，拆成两部分，耗课应该占 30%，销售占 15%，这个比例是比较良性的。如果再进一步，耗课占 35%，销售只占 10%，这种 1∶3 的比例是更为合理的。我们不用设置那么高的销售提点，更重要的是体现服务价值。但也有例外，比如自由教练，他没有底薪也没有销售提点，只有耗课提点，也是可以的。他们已经不需要销售了，只需要服务，那么销售提点和耗课提点的比例，就从 1∶2 变成了 0∶1。这要根据这个城市、这个地区对健身和对私教的认知水平来决定并迭代，不能照搬。也许你在上海的外滩、广州的珠江新城这些最繁华的地段能做到，但放到二三线城市，大家对这种产品都不了解，如果没有销售驱动，没有一定的利益分配，可能都卖不动，就更没法去谈服务了。

所以薪酬配比值要根据城市的发展程度来决定。

二、仪式感和归属感

想要提高教练的幸福感或者自驱力，还需要一些额外的激励，我认为主要来源是仪式感和归属感。

仪式感特别重要。比如说，我们所有店每年都会拍两张照片，一张是用来鼓舞士气的团队合影。另一张是教练的个人标准照，并要求教练们在春节前更换头像，因为回家的时候亲朋好友会看到，可以了解到他们这一年是有新气象的。这种仪式感对于增强员工的荣誉感也是非常重要的。

记录高光时刻很重要，可以帮助员工建立归属感。我们不仅记录业绩，还记录员工的第一次讲课、第一次分享、第一次外出学习等经历。这些经历是建立员工归属感的重要组成部分，员工会觉得与这家门店建立的是有情感沉淀、有深度关系的联结。这样的心理收入是其他门店无法提供的，也是我们门店的独特之处。

三、绩效考核的技巧

薪酬体系涉及很多维度。在晋升的时候，我们会考量业绩和证书，而且这两个标准要同时达成。在很多地方，业绩达标就是王道，但在我们这里，哪怕业绩达标了，但技术没达标也无法晋升。我们是有双向考核标准的，主要体现在教练的日常考评中，考核教练的月销售额和月耗课额的配比值。月销售额的提点比例是基于之前提到的预算坪效和人效评估出来的。假如月销售额达到 3 万元是完成任务的话，达到 4 万元就是增长，如果只做到 2 万元就需要减少提点比例。

除此以外，还要看教练一个月上了多少节课，因为我们对耗课量也会有考评。如今，我们又增加了一个新的维度，就是教练的续课和转介绍情况。教练的续课业绩代表他的服务达标了，转介绍业绩代表他的服务一定是优质的。如果续课和转介绍达标了，我们也会给额外的奖励。

我们对薪酬的考量主要体现在上述三个维度，但其中最主要的还是销售额和耗课额的配比值，如果我们过度追求现金流会让门店风险更高，过度的耗课量也有可能让公司亏损，所以需要达到一个平衡值。

我们每个月都会查看销售额和耗课额配比值这项平衡值数据，但主要以季度和年度的数据为参考。

“04

教练的素质和离职的影响

一、教练应该具备的素质

仪容、仪表和仪态代表着一个教练最基础的职业形象。我在这里列举一些我们公司的基础形象要求：

1. 我们对仪容仪表要求比较高。首先是对发型的要求。团队里男生比较多，我们对男生的要求是，短发且不允许染发；对女生的要求是可以留长发，扎马尾辫，但是不允许过于复杂的烫发，造型显得太独特，毕竟我们是运动行业。其次是对服装的要求，日常情况下，工服是基本要求，但我们有一些门店允许教练周末不穿工服，轻松一些，但一定要穿运动装。着装必须干净整洁，哪怕今天穿一身白色，也一定要干净，让人觉得教练青春洋溢，看到就想去体验运动。

2. 教练在工作室训练，可以穿背心，但绝对不允许赤膊训练。我们见过很多打比赛的人喜欢赤膊训练，但我们认为这么做没有考虑消费者的心理。

如果教练上课的时候，我们会要求他一定要穿着工服，拿着日志本，帮客人认真地去做记录。

3. 教练帮异性客户做辅导时，手和身体的接触范围一定要保持适当的间距。

4. 我们是有半跪式服务的，通过半跪姿的方式来表达服务意识。有些工作室门店的标准是半蹲在地上去跟客人聊，我们觉得这么做不太好。我们是单膝跪地，这样的体态看起来比较优雅，有仪式感，给客人带来的服务质感更高。

二、教练需要树立销售意识

教练不要排斥销售工作。因为我们必须承认，这个行业是有销售性和服务性的。健身的消费过程是偏冲动性的，这是国情发展所决定的。在美国，运动人口占比很高，人人都有运动意识，但相对而言中国还处于初级发展阶段，所以教练需要有销售的意识。

有的人是服务型教练，有的人是销售型教练，我们比较喜欢偏服务型的教练。销售型的教练前期威力很大，但后期后劲不足。服务型的教练是长效型，也许前期的动力没有那么高，但后期的稳定性极高。但是对于大部分教练来说，有销售意识、能接受销售思维就够了，不见得要精通销售。

三、教练不应该是什么样

教练应当给人带来一股正能量，因为我们做的是健康行业，不能招聘有不良气质的员工。我知道不同的城市情况不一样，有些城市的健身行业还处在比较早期的发展阶段，他们认为只要有狼性，只要能够逼客户去买单就万事大吉，甚至还有略带侮辱性地去逼迫客人买单的情况。这种强销售甚至逼单的情况正在慢慢消失，在一线城市已经没有了。现在做健身行业的人，多数人看起来是非常阳光的，有运动精神的，不会让你感觉到不良气质。我们看人会看眼睛纯净不纯净，能看得出来眼里有光的人是有希望的、有信念的。但是有些人眼里只有钱，甚至不择手段去赚钱，完全不顾其他。这在我们的逻辑里是没法接受的。

四、优秀教练的素质

我觉得优秀教练应该具备求知欲，要了解健身行业的很多知识，慢慢变成一个杂家。

在约十年前，一个人只要懂力量举、力量训练、常规技术训练、增肌减脂的大概原理，就可以做教练了，但是现在可能需要考取“四大证”，除了对原理的了解，还需要站在服务的立场，懂得怎么去帮助客户变得更好，对其他知识也要有所掌握。我们要跟客户聊睡眠、聊全身的筋膜放松、聊营养摄入，甚至还会涉及一些医学的知识。客户可能会有运动损伤，此时教练需要在防止进一步运动损伤的前提下再指导客户运动，保证客户安全，这时就会涉及一些康复医学的知识。

这样，教练慢慢就变成了杂家。所以我觉得想要当一个优秀的教练，求知欲是特别重要的。我很害怕一个教练思路固化。我们公司会组织大家读书和学习，会买樊登读书“一书一课”的企业版。我们公司有内部排行榜，公司买了 60 个账号来供全员学习，如果一个人不学了就会让给其他人，公司不会提供大锅饭。我们有 100 多位员工，但只能提供 60 个账号给那些主动学习的员工。持续学习的能力很重要，这是一个教练最核心的竞争力。

五、如何应对教练离职

大多数工作室的员工离职一般有两个原因，一是教练不满意现在的工作，二是教练想自己开店。教练离职会对公司业绩造成损害。如果没有产品化的思维，门店非常依赖教练，教练一旦离职，大概率会出现会员退课、退卡，造成直接损失。这还不是最糟糕的结果，还有教练跟会员合谋，在附近两公里之内，甚至在隔壁开了一家新店，然后再把原先门店的教练和会员拉过去。这不仅会造成业绩直线下滑，也会让门店整体的士气大损。

如何规避这种情况？老板要以身作则，做事正直，善待团队、珍惜员工，因为员工是我们的核心资产，教练是这个行业的唯一交易入口，也是我们的服务窗口，如果你把窗口都砸了，后果可想而知。

我们团队的员工离开后，他们中的很多人都去了互联网、金融、医疗等不同的领域发展，并且做得很好，因为他们的技能可以平移到不同的行业。我们强调的是同理心、为他人考虑、沟通和服务，团队离职率很低，很多离职的前同事还会回来工作，没有人离开后会在附近开店。

因此，老板首先要做正当的事情，在筛选人才时，还需要注意不要让不可信的人进入团队。

“教练不要排斥销售工作。因为我们必须承认，这个行业是有销售性和服务性的。健身的消费过程是偏冲动性的，这是国情发展所决定的。”

“05

不要把公司当家族，不要把员工当家人

在健身行业里，有一些公司老板会把自己公司当作“家族”，也喜欢提“家人”这个词。因为在小型工作室中，大家平时在一起的时间确实很长，有亲近感很正常。但是这样的观点在商业上有很大的缺陷。

星健身早期也犯过这样的错误。创业前三年，我一直在讲“星健身家族”的概念。后来，我发现讲多了员工会觉得，你是我家里人，家里人都要包容我，吃不上饭时我就回家。员工会认为你需要接纳我的不足，把公司当作避风的港湾。我就意识到，不能再跟员工说“公司就是家族”。

我认为，再小的工作室也一定要有企业观念，要讲清楚，我不是你的父母，大家来做事情一定要了解公司的规则、制度。如果做不到，即使我特别欣赏并想帮助你，也一定要划清界限。

早期，我在公司的规章制度里会写“家族归属感”，后来我改成了“企业归属感”。

管理者在该讲的规章制度的面前要做到和而不流，但在日常事物上应该不拘小节。企业里就是规规矩矩，有事说事，平时我们的店长都需要去授课的，所以，管理者一定要讲清楚，大家来公司是上班，有上班的规章，大家要遵守我们的规章制度。非工作时间段，可以开开玩笑，嬉笑打闹，不拘小节。

所以我建议不要说“家人”，说“家人”就容易切换角色、把身份混淆。员工做错事情，他会希望用家人的身份来要求老板要宽容他；但是如果做得好的时候，他希望从公司的角度得到奖励。这就是双标的问题。

我认为，管理者心里可以把员工当作家人，但是嘴上是不能这么提的，除非是对待离职的前员工。说白了，如果立了“家人”这么大的一个人设和标签，那你做不做得到呢？

举个例子，在公司，我和员工保持的距离也非常明确。所有在职的员工，我不允许他们叫我“哥”。但是员工离职以后，我允许他们称呼我为“兄长”“大哥”“哥哥”。这就是角色切换的问题。我每个月都会跟很多曾经一起共事的前同事吃饭聊天。那个时候，大家的关系就是很像朋友关系、兄弟关系了。

做商业，还是口头上不能去提太多“家人”“家族”的概念。我吃过亏，后来就反思，就开始用“企业”这个概念，希望对大家有帮助。

4 沟通领导力

01

管理者的能力

一、沟通领导力的定义

“沟通领导力”是个开放概念。它包含了管理者的学习能力、管理能力和沟通的技巧等。

过去，大家都会强调“领导力”这个词汇。领导力有很多种，比如：领导、管理、执行等。你会发现，很难在网上找到一个真正完整、明确的关于领导力的定义。

我们认为，在健身行业的经营管理当中，“领导力”与“沟通”强相关。因为健身行业是“人”的行业，是人来做服务、人来交付的行业，所以管理者需要不断地与团队对齐认知、对齐思想、对齐任务目标。健身行业管理者的领导力核心是“沟通”，只有通过好的沟通，才能够赢得信任，有好的执行，才能够发展人才，团结团队。这种领导能力我们称之为“沟通领导力”。

健身行业里谁最需要沟通领导力？是门店的直接管理者，比如店长、组长。因为这两个岗位通常是中间层，上面还有老板，他们就是上下通路中的沟通者。

二、门店管理者的能力

成为健身行业的门店管理者，需要具备什么样的不可或缺的基本能力？可以从沟通领导力的角度总结出三点：

第一，有影响力，能够身先士卒，影响别人。

第二，能够持续学习，有学习能力和动力。

第三，敢于认错，敢于突破。

有影响力，能够身先士卒，影响别人

过去很多年，商业健身房的经理常常在教别人怎么干，但自己不干。我认为在健身工作室里，老板要身先士卒，只有自己在前面树立了榜样，大家才能有样学样。

讲个最简单的案例，星健身的新教练进来之后会觉得星健身跟其他的工作室、门店有所不同。因为他们曾经的部门经理会想尽办法把他原有的资源切走，抢夺资源，然后呵斥他干活，但是并不帮助他成长和赚钱。但是在我们这里，所有的经理、管理者不仅自已要以身作则（比如我们的店长是需要授课的，一个月的授课量大概在 100 节左右），还需要帮助团队成长。同时，我会跟员工说，如果你认为你的上级领导处事不公，可以直接投诉到我这里，我们来看是怎么回事。这个向上通道都建好了，但是并没有人来投诉。原因就是我们真的是在帮团队、帮助大家成长，希望他们能够赚到钱，能够进步。

这就是身先士卒。

能够持续学习，有学习能力和动力

一个优秀的门店经营管理者，应该是特别愿意持续学习的人。行业是动态发展的，每年都会有新事物出现，所以管理者所掌握的知识必须能够不断迭代，否则会被行业淘汰。

门店管理者自己能够不断学习和迭代，再通过身先士卒的方式去影响整个团队，才有可能让团队也不断学习和迭代。

试想这样一个场景：如果你是一名管理者，今年门店的业绩还不错，但你突然说要换一下思路，不再做去年做的事情，团队会怎么想？如果你本身是一个学习能力强、不断在对知识、认知进行迭代的人，团队是愿意跟随你进行改变的。

如果管理者有学习能力，也能够让团队不断学习，那么团队其实会自己检视，就容易发现“这个事情也许能做”“这个事情也许可以优化”“这个事情犯了错误”等。

所以在健身行业里，持续学习的能力，是管理者最需要的。

勇于认错、敢于认错

我经常向团队道歉，说：“对不起，这件事情我做错了，某某你别生气。”我的师父王文伟也是这样，经常有人说他是一个勇于自我批评的人。比如，他之前认为健身房的面积至少需要 1000 平方米，后来改变了想法，认为只需要 500 平方米，之后又觉得更小一点才好运营。他的认知不断迭代，会及时更正自己曾经说过的话。

这样的领导团队是能够令员工服气、令人感觉到真诚的。相反，如果自己说过的话，明明错了，还死不认错，大家表面上不说，但其实心里是不服气的。

“健身行业管理者的领导力核心是“沟通”，只有通过好的沟通，才能够赢得信任，有好的执行，才能够发展人才，团结团队。这种领导能力我们称之为“沟通领导力”。”

02

管理者的工作

一、日常工作

在健身行业，一个门店的管理者，日常工作通常来说就是处理“财、人、物”这三个方面的内容。第一步是财，也就是门店的业绩和数据；第二步是人，人的状态好了，数据就会上来；第三步是物，也就是场地内的日常维护。

为什么第一步先关注业绩和数据？因为我们做的是商业，商业的第一要事当然是关注现金流。关注完现金流就是关注销课量，关注完销课量才能看到会员续课的可能性。这些都关注完了，可以再关注下新单进入的转介绍等情况。

第二关注人员：健身行业是由人交付的行业，所以管理者主要看的是大家的情绪状态。比如这个人今天的状态可能看起来不是特别好，是不是要沟通一下？了解一下情况，提升一下这个伙伴的状态？

第三是关注基础运营、日常维护的事务。比如卫生情况、课程结束之后器械的归纳和日常养护，淋浴区的管理等。举个例子，客户进店时我们都要提供毛巾，这其实就是健身会所的标准。

星健身在北京 798 艺术区的门店，有一主两副三个店长，分别就是管理“财、人、物”三个方面的。

主管店长六年前进入公司做教练，然后做预售，最后成为店长。他的主要管理内容就是业绩为主，沟通为辅。主管店长的性格就比较直，所以我安排了一位情商极高的副店长负责团队沟通。

还有一位副店长比较严苛，看起来比较凶，他主要负责的是卫生、场地维护等日常运营内容。卫生这块还包括毛巾等日用品、消耗品的订购，都是一些很琐碎的事情，有点像公司办公室的行政。如果场馆中临时有器材、设备损坏需要维修，也是这位店长负责。

如果一家小门店的教练数量在 7 个以内，那么可能管理方面的工作都需要由店长一人完成。中国 80% 的工作室都是小型工作室，店长要负责的内容绝对只多不少。在这家门店中，之所以拆成 3 个人来负责这些事情，是因为这里的教练团队有十几个人。

如果是连锁工作室的店面，有配置行政人员，那么这些琐碎杂事就会减少很多，比如第三部分的卫生和行政工作，就会归到行政部来负责。

二、年尾需要做年度规划

门店管理者除了负责日常工作外，还需要设计年度规划。每年年尾要做第二年的年度规划，内容包括：

产品变化

明年要增加哪些设备？明年要增加哪些课程产品？

强化门店的发展路径

门店优势是什么？如何在第二年强化优势？步骤是什么？如何执行？

人事的变化

门店在新年后需要增加几位教练？什么时候到岗？这些教练需要有什么样的能力，能提供哪些课程产品？

日常规范的提升

日常规范包括场地的维护、卫生、服务等。例如，星健身在北京 798 艺术区的门店已经运营了六年。某次开完会后，全员都去清理更衣室里所有会员存放的鞋子。由于会员喜欢把鞋子放在储物柜里，我们会把所有鞋子拿出来，送去清洗。然后，我们会将洗好的鞋子单独放置在外面，让会员自己领取。我们不会让无人领取的鞋子放在储物柜里，因为这样会占用很多柜子，这个习惯不好。门店会全员进场去清理，并讨论如何调整场地，例如建一个鞋柜。

这些其实是工作室管理者需要在年度规划中考虑的。

年尾做完规划，第二年要执行规划，执行的过程中需要监督、调整、优化，我和管理者一般每年会沟通几次，主要集中在上半年，下半年基本上就交由管理者来负责了。

03

管理者如何开会

一、开会的目的是什么

我们需要搞清楚为什么要开会？

在我们的商业逻辑里，健身工作室开会的目的就是为了实现目标、达成结果。开会只是一种达成结果的手段，而不是结果本身。

所以作为工作室管理层人员，绝对不要宣传“开 4 小时会”“开会到深夜”这样的理念，很傻很天真。

在我们的理解中，开会的目的有两个：第一，是团结人心，提升士气；第二，是对齐认知，对发生的某一个问题，大家的观点要一致。比如，服务意识是不是可以提升；在我们向客户提供价值的过程中，能优化的步骤有哪些等。

在星健身，每天晚上有一次 10 分钟的会议，每周有一次例会，除此之外就不怎么开会了。

二、开会不是越长越好，越多越好

开长会的弊病：团队疲惫，沟通和执行效率低下

很多工作室的管理层、老板一开会，大部分时间都在聊天，早年我开会也会有这种情况，聊一些跟结果无关的事情，最终导致团队很疲惫、很崩溃。

我经常在朋友圈看到一些其他工作室的老板，半夜开完会发个朋友圈，写着开了四五个小时的会，但配图照片上，其他人的状态不是兴奋的，脸上的神态、笑脸就像演出来一样，作为外人是可以感觉到他们那种特别的疲惫和无奈的。

开长会的原因：老板自己没有想清楚，老板缺乏威信

为什么很多会议都是开着开着变成长会议的呢？ 为什么很多会议的时间会那么长？

很多情况是老板自己没有想清楚。当他没有想清楚要讨论的事情、想要获得的结果以及如何实施，那么会议最终就必定会演变成一个没有主题的、发散性的讨论会，这种会是无休止的。

好的开会习惯是提前想好会议主题、内容，提前做好 PPT（如果没有 PPT，也尽可能准备好板报的内容），会议上快速把准备好的内容讲完，有问题就讨论，没问题就结束，然后执行。这样开会的效率是最高的。

组织者把要讲的内容提前准备好了，这样做也是对团队成员的尊重。

员工、教练并不是老板，他们更多的时间是用来上课的，并没有义务在一个会议上消耗这么长的时间，总是开很长的会，只会把团队搞得很累。有

些事情是不需要开会沟通的，老板、管理层自己决策就可以了。

而很多时候为什么很多老板做不到这一点呢？就是因为他们在团队中缺乏威信，没法做到指令的上传下达，只能依靠开会去征求员工意见、说服员工服从公司的安排、去花很多的时间解释为什么要这样做。但这样的会议很容易变得无休止，而且会议上会充满质疑、不信任。

还有一种情况，就是老板是跨行业进入健身赛道的，比如我。我在刚进入健身行业的时候，希望把我在其他行业积累的阅历和经验，跟员工们分享，把我的认知和理解跟员工们分享，这个时候我们的确会开几个小时的会，在会上交流沟通。但如果这个跨行业的老板只是老生常谈地重复说，总是开几个小时的会来啰嗦一些大家都听了很多遍的内容，员工是会崩溃的。

三、老板要降低沟通成本，开会一定要少而精

我们开会是为了降低沟通成本，但总是在开会、一次开会几个小时，就是在提高沟通成本，所以开会一定要少而精。

如何做到？

首先，老板需要准备 PPT，准备自己要在会上讲的核心内容，而且要练习。老板或者管理层必须要加强自己讲话的逻辑。当一个老板或者管理层在会上讲话很啰唆、总是讲不到重点的时候，会议时间必定会很长。

当然，如果有些人没有条件准备 PPT，那么至少要写好文字稿，提前发到工作群内，让大家了解会议主题和内容。

其次，沟通内容要简洁、便于执行。其实不是说一个人爱沟通、喜欢沟

通、会聊天就是沟通领导力强。沟通领导力还包括了执行和其他要素。把事情表达清晰，言简意赅，制定好规范与要求，把需要执行的所有事项都讲清楚，这样才便于员工理解和执行。

例如公司的一些最新条款、最近的活动方案与政策、注意事项和可能会发生的问题等。这些事情统一了思想、沟通到位了，会议的目的就达到了，也就可以结束了。

越简洁、越快速、越高效，大家越喜欢！

四、如何做到少开会？

首先，作为老板和管理层，只要做到言行合一，沟通成本就一定会降低，就不需要总通过开会来解决沟通的问题。

之所以需要总开会大概率就是在解决思想工作的问题。大家为什么会有不同的声音和思想呢？根本上来看就是老板或管理层说一套、做一套，如果你嘴上说的思想和表现出来的行为在价值观上是不一致的，员工心里怎么会认同呢？

当员工心里不认同老板说的话和安排的事情时，老板就需要不断地通过开会去宣导、去洗脑，用这种方式去让员工不得不去遵循自己的想法，去“勉为其难”地执行自己的想法。

其次，当一个门店的教练都是老教练时，也不需要多开会。

在星健身，大部分教练都已经干了3~5年，彼此之间已经非常有默契，简单沟通就明白了，根本不需要开会，就算要开会也是特别短。

前面也说了，我们的门店每天开例会的时长基本就是 10 分钟，非常短。而我们核心管理层的会也会在晚上开，我们几个人就站在门店楼下的一个草坪上说一下今天都有什么事情、有哪些需要注意的，可能就三五分钟，最多十分钟，会议就结束了。

“之所以需要总开会大概率就是在解决思想工作的问题。大家为什么会有不同的声音和思想呢？根本上来看就是老板或管理层说一套、做一套，如果你嘴上说的思想和表现出来的行为在价值观上是不一致的，员工心里怎么会认同呢？”

04

管理者应该接待客户

一、管理者为什么要接待客户

过去在商业健身房的销售流程中，有一个步骤叫“TO”，其实就是一种管理者介入客户接待、客户服务过程的方式。

为什么健身房的管理者要介入这个过程里面呢？原因可以归纳为三个方面：第一，了解客户需求；第二，督导或者监督整个服务的流程是否合规，是否存在问题；第三，可以在过程中建立更好的客情关系。

当发生意外情况或者客户投诉时，如果管理者能够提前介入客户接待流程中，就能够更好地进行判断，这个问题是属于门店的责任，还是客户也有一定责任，处理起来时就能做到不失公允。对于这类问题，最好的立场是不偏袒教练，但也不惯着客户。

二、管理者介入到客户接待的原则

相信很多健身房和工作室都会遇到一种情况，就是客户想约课，但是教练因为一些个人原因（例如疲劳、自己要训练、刚好在轮休等）不想接待会员，这个时候客户的兴奋度就会被磨掉一些，再次预约课程的兴趣就会降低、健身的冲动也会减少，慢慢地这个客户可能就不来了。在这个过程中，管理者可能根本不知道发生了什么事情，但客户就这样消失了，不再续费了。

通过这个例子，我们想要说明一个原则：作为管理者，应该从一开始就介入客户接待关系中去。在星健身，管理层介入客户接待的方式主要是建立微信群。在这个群里，除了管理人员外，还有多名教练。在群里面除了约课以外，一般不会有闲聊。如果只采用教练和会员一对一管理的机制，那么很可能会出现客户多次约不到符合自己需求的时间段，几次之后就不来了，而大家都不知道是哪里出问题了。

星健身在早期也会有这种问题，很多客户就这样慢慢地从我们视野里消失了。这完全是教练的错吗？不尽然，因为教练周末也需要休息，也有自己的课时安排，每位客户都想在晚上下班后来上课，但教练一个晚上就只能接待两三位客户。但如果我们采用团队化的管理，提早介入与客户的联系当中，完全可以做好闲置教练资源与客户的衔接，避免出现前面说到的情况。

总的来说，管理者要介入的，是客户的约课和日常的沟通流程。通过这种介入，管理者能够帮助教练做好客户的管理，了解团队的服务是否到位，提高客户约课、训练体验。同时，管理者可以在发生问题时更好地判断是门店的服务问题、还是客户在刁难，从而对发生问题后的处理方式做出正确判断。

课程产品化

01

健身课程产品分类和趋势

一、产品化是健身行业的趋势

2015 年之前，很少人对健身工作室有概念。当年许多做健身行业的人都把自己的工作室叫做“健身工作室”。到了 2022 年，产业越分越细，不仅有健身工作室，还出现了普拉提工作室、瑜伽工作室、格斗工作室、拉伸工作室等。其实这些细分领域的工作室，本质上就是对产品的细分。

我们拿餐饮行业举例：餐饮行业可以分为粤菜、鲁菜、川菜等不同的菜系。不同的菜系会吸引不同的客户，也会有不同的流量。如果只是讲这是一个做“中国菜”的餐厅，一定吸引不了客户。

2022 年，我在无锡经营的新鲜健身门店中有两家比较类似，但体现在大众点评上的时候，一家店挂的是“健身工作室”的招牌，另一家店是以“普拉提工作室”为特色。主打普拉提特色的门店流量爆了，但以健身工作室为招牌的门店却没有那么多人。

后来我们开会讨论，得出的结论是：市场用户对普拉提有精准需求，对健身没有。这就是市场在要求你对自己的工作室品类和产品品类做出严格定位。

说到产品化，我认为产品化在健身行业的商业价值是：把用户标签、产品标签、场馆标签都做得更明确。产品化其实就是在健身行业里做细分赛道，谁做得更好，谁就能在这个赛道里吃到更好的红利。

当健身市场上已经发展出了上万家门店的时候，消费者对品类的要求就更细了，因此出现了垂直赛道，很多瑜伽馆改为普拉提馆，很多健身工作室改为拉伸工作室、格斗工作室。在以前的健身工作室产品内容中，普拉提和瑜伽是合并的，健身工作室里也会提供格斗、拉伸的产品，现在细分了。这是发展趋势。

在健身行业里，课程产品化这个词最早由韩克提出来，他创造了 MFT 这个品牌，做了十年的格斗课程产品。未来健身行业的趋势就是课程产品细分、场馆品类细分。随着功能性训练、自重训练、普拉提受到越来越多训练者的欢迎，他们对产品的需求会越来越具象化。

所以，产品化能够提高商业定位和辨识度。

二、课程产品化的层级

健身行业的课程产品化可以分为四层：

第一，概念。比如普拉提、格斗、拉伸。这决定了产品的赛道和标签。

第二，设备。比如普拉提有普拉提床，你需要用这种设备教学，产品本身才完整。

第三，视觉。比如拉伸可能会专门要求穿适合做拉伸训练的服饰，全身不能穿很厚重的衣服，便于能够拉伸到筋膜；MFT 会印很多带 LOGO 的衣服、手套，其实也是在做视觉的符号化，增加大众对产品的感知。

第四，技术。普拉提有普拉提的技术，格斗有格斗的技术。

三、过去几年行业对团课产品的认知

健身产品以人数区分，可以分为大团课（6~20 人，甚至更多）、小班课（3~6 人）、一对一私教。

这里先讲讲过去几年行业对团课产品的认知。

团课是很大的一个类目，包含了莱美（Les Mills）、舞蹈、瑜伽等训练体系，这些之所以属于大团课，是因为可以实现 30 人以上甚至 100 人同时上课。尊巴这种注重音乐舞蹈律动性的和其他静态类的课程也都可以做成大型的团体课程。健身行业有很多 30~40 人的大团课，但由于现在健身行业的场馆正在缩小面积，面积小型化之后界定标准在变化，未来的主流团课可能在 6~20 人这个区间。

小班课通常是 3~6 个客户，只需要 1 个教练。据我了解，有一些工作室，一堂课有 20~30 个客户，但还配了 3~4 个副教练，相当于一个教练还是负责一个小班，最后这个模式走不通：因为没有标准化产品，上课很混乱，最后就又演变成 3~6 人的小班课。

2015—2020 年，团课经历过很多的迭代，健身行业的风向也一直在变化。这五年，就是团课的野蛮生长阶段，很多机构既做 30~100 人的大团课，也做 12~20 人的小班课。

从 2020 年开始，一方面因为疫情，另一方面因为市场，整个商业模式产生了变化，团课规模在缩小，机构开始转型，大力发展私教业务。

谁来决定这种商业模式的变化是成立还是不成立？由商业来决定，由市场来决定。最后就慢慢发现，那些大型的团课很难回本。所以整个行业的团体课程产品基本固定在 3~6 人小班课和 6~20 人大团课。

2015—2020 年，CrossFit 比较流行，很多门店模仿它做工作室。我认为，超过 6 个学员的团课，再好的教练上课都很吃力，很难保证所有学员的感受是好的；要么就是多教练形式，但这种形式就很难做到标准化。

大家的认知边界会慢慢统一化——早年其实是由几个机构提出来的，但是最后大家发现是市场来决定。在 2017 年，我有一段时间专门研究团体私教课，到现在仓库中都摆放着好多器械，包括战绳 6 根，踏板 12 个，划船机 24 台，但到最后这些器械都浪费掉了。

2015—2019 年，健身行业最爱讨论的是产品，因为每个人都希望自己创立一种产品。那个年代，人人都是培训师，人人都希望成为培训师，都希望创造一个无与伦比的产品。

四、私教产品的分类

健身行业对私教产品的设计分类其实不多。所以我主要讲讲星健身设计私教产品的思路。

2015 年，星健身门店开业时，做了 2 种课程产品：基础常规课程、Power Plate 高频振动课程；2015 年底增加了 MFT 格斗课程，这是合作课程，主要是替韩克宣传；2017 年增加了 EMS 电脉冲课程；2018 年推出了拉伸课程；2019 年增加了普拉提课程。现在一共有 6 项课程产品。星健身的私教产品不是一次性推了 6 个，是一个一个产品、一年一年地推起来的。

这些产品都是基于客户的需求和消费的可能性来定制的——更多的产品可以解决客户更多的问题，满足更多需求，提高更多续费，可能会增加现金流。从经营的角度看，多产品的运营逻辑让门店的生存和盈利可能性增加不少。

但是我认为，在工作室刚开始运营的时候，2~3 个产品就足够了。即使最终要做多样化的业态，最多也只能做到 6 种。其中经营得好的其实最多也就主要是 3 种。

02

如何对课程产品进行选择

一、不同类型的场馆，应该选择什么产品

我们可以从两个方面去分析产品选择的问题。

根据场馆的品牌定位和所在城市的发展情况来分析

中国人口很多，相应的健身市场非常大。但每个城市的具体市场条件不同，因此很难用一个绝对化的解决方案去解决所有城市的市场问题。

通常会有以下 4 种情况。

1．如果城市发展势头良好，工作室本身也定位在高端品牌，那么可以先排除掉大团课这类产品，因为高端的客户不太喜欢群体性的课程。如果只专注于高净值客户，甚至要把小班私教产品也取消，只做一对一私教。

2．如果处于一个偏大众的中高端市场环境，那么小团课就可能成为工作室的引流产品，但核心产品还是私教。

3. 如果工作室的面积比较大，那么私教业务可能就不是主营业务，需要做场租的模型，以团体课作为引流方式，在基础内容上再加上小班服务。瑜伽馆就是一个典型的例子，瑜伽馆里的私教不是最重要的，它的核心利益点来自于团体课引流，然后再做小班课，小班课之后才是私教，是三层递进的关系。

4. 如果工作室所在地是一个三四线的城市或者更为下沉，那就一定要做综合品类，多做几个产品，有团课也有私教，这样存活率会更高。

根据自身的基因、属性来做产品选择

在 2018 年前后，我花费了一年的时间和大量资金来培训员工，准备开展团体私教课业务。但最终我意识到，我们公司更适合提供私教服务，而不是团体课程。因为中国人的健身文化是圈子文化，团体私教课程会被分成许多小圈子，难以处理。这就是为什么 90% 以上的中国健身工作室是以私教为中心课程的原因。

现在的工作室业态无非是两类，团课和私教课。在你过往的经历里，如果你是一个团操教练，喜欢律动、有感染力，那么你就适合开团操业务，做私教业务则相反。这就是自身的基因与属性决定了产品的选择。

二、不同背景的从业者，应该做什么样的产品

第一，对团课背景从业者的建议

如果你之前做的是团课业务，那么建议你一定要同时做一套功能性训练的私教业务，也就是通过团课引流，给私教业务带来流量。

健身行业里有一个很明确的现象：假如一个教练带操课特别好，客户是

会开车跨越半个城市去找他跳操的。这个时候，如果这名教练跟客户说，你的核心功能不够好，所以跳操的时候律动性不好，需要加强核心，隔壁就有功能性训练的教练可以带你上课。客户很可能就会去买私教课了。

健身行业有个特征，就是客户如果特别认可教练的时候，教练说什么他们都听，这个时候团课教练也可以做私教了。

在过去，大家都认为团课教练就是单纯带团课，但现在教练需要兼容性，需要成为“斜杠青年”，所以现在很多团课工作室都在培养自己的功能性训练教练。

第二，对做私教业务背景从业者的建议

根据自身能力和喜好的产品模型去选择适合的产品，并且要做减法。未来三年一定是减法时代，只有做减法，大家的压力才会小、状态才会好。

这几年已经验证了一件事情，就是一个劲儿地想做加法的都倒了，比如说之前有个教练培训机构，年收入几个亿，但是最后想做全产业链，结果倒闭了。威尔仕这样的机构，主攻商业健身房，把这个模型打透了，开了100多家，最终也卖了个好价格。

而对于私教背景的从业者来说，入场时一定要选清楚赛道。

如果主打功能性训练，那么可以再叠加拉伸或者普拉提做补充，就足够了。这类功能性训练加普拉提的工作室在北京有一家，业绩非常高、也特别稳定。功能性训练是具备普适性、人人都能练的产品，普拉提就更深一点，业务宽度会收窄，但单价更高。功能性训练加普拉提是一种业态思路，在未来一定会越发清晰。

如果是做康复类的，可以加上拉伸，往大众方向做。康复更偏向于深度的专家，而拉伸是偏向大众化的，康复加拉伸其实就是向浅度的、宽度的市场靠拢。

总的来说，就是深度市场要做宽，宽度市场要做深。所有的产品都应该是金字塔结构。

如果是做科技类或者格斗类训练的产品，那除了最适合的心肺功能训练以外，还能专门做一些冥想、瑜伽或者普拉提等静态的品类。这是一种动静结合的思路，产品的品类极差很大。

如果是做康复的，就可以往拉伸方向去发展，做精品小店；如果想再扩张，就可以再做一些基础功能训练。

上述就是私教工作室选择业态模型的标准考量思路。

第三，对会籍背景从业者的建议

会籍背景从业者如果想要创业，最好的进场方式就是：采用场地化经营与自由私教教练结合的合作模型。

国内还是有很多人卖会籍卡、做预售，这个模式会长期存在。这类背景的从业者如果要开馆，可以开一个300~400平方米的门店，购置很多器械设备，然后继续做自己擅长的事情——会籍卡销售，引入流量后就可以找做私教的人合作分账，这就是一个“场租模型”。

未来一定是社区化健身大行其道，小型场馆逐步转型为传统铁馆的逻辑。

很多商业健身房刚开始都是传统铁馆，但随着业务的发展，不断地兼并各种业态的产品，做泳池、团操、瑜伽、私教，私教里面更是设置多种产品，门店从300、500、1000平方米一直扩张到2000、3000平方米。兼并到最后就消化不良了。那怎么才能活下来？需要回归到最本质的铁馆模式。

所以有会籍背景的从业者是最合适做“场租模型”的。星健身就是标准的场地租金模型，会籍费加场地租金；而乐刻就是场租加自由教练模型。未来就只有这两种模式：

一种是以乐刻模式为代表的“场租加自由教练”模型。乐刻把“人—货—场”里的“场”玩到极致了——因为我有场地，跟我合作；而另一种模式就是通过股权激励把“人”玩到极致，典型的就是中田。

一个是玩“场地”的，一个是玩“人”的。

星健身有一个合伙人就是做会籍出身的，他能够用极低房租拿下十个场地，开馆的成本很低，但私教方面他的经历并不丰富，而星健身有好的教练和课程产品，他就可以用低成本的门店和星健身合作，各取所需。这十个门店到现在还活得好好的。

所以，由于基因不一样，会籍出身的从业者入场创业，是不太适合直接去开私教工作室的，而是更应该先开一个小型的综合商业健身房，靠着足够低的租金成本，通过会籍就能够获取一定利润，然后再模仿乐刻这种自由教练的合作模式，就能相对轻松地赚到钱。

三、老板选择产品时，应该考虑什么

在中国，多数老板并不知道应该选择什么产品：他们只是根据市场反应，选择最热门的产品，而不是采取我们想象中的科学选择方式。

当老板选择产品时，他们往往会与门店经理讨论。经理会告诉老板，现在业绩不好，流水不足，但是顾客已经买了所有可买的产品，课程也都满了。

于是老板就会说，那就再找些新产品来卖，市场上不是还有电脉冲吗，把它也搞进来卖。然而，电脉冲一直销量不好，所以这个产品就不再推销了，慢慢地就被淘汰了。现在很火的普拉提是不是也类似呢？所有商业健身房都在购买普拉提床，但买完之后又会怎样呢？他们会继续拓展这个业务吗？很可能不会，老板们只会等着下一个新产品出现。

所以，大部分中国的商业健身房、私教工作室是没有产品选择能力的，主要是看市场上什么火就选什么。而正确的产品选择方式是什么？根据业态和周期去进行选择，在这个周期里就干这个周期的事情。什么是周期？我们以团课和瑜伽来举个例子。

在2015—2018年，大部分身边人经营的门店都是以团课为中心，从2019年开始，市场冷了，安静下来了，瑜伽开始火了。这就是“动”和“静”，三年一个小循环、小周期。

为什么会这样？在2015—2018年，微信公众号很火，像小红书这类自媒体也很出彩，大家都在谈社交货币。超级猩猩的出现也是给大家提供社交货币的。在社交货币的流行散去后，大家又开始转向静态，关注自我，开始冥想、学习着去安静下来，瑜伽就开始一枝独秀了。那么瑜伽之后的余温是什么呢？团操又突然来临了，代表性产品就是普拉提。它是不是动中有静、静中有动？

这其实是根据人的生理周期和心理周期来变化的，每三年间大行其道的产品都是有关联的。如女性越来越关注自身的变化、感受，而过去她们其实更关心的是氛围、社交。在健身市场中，大部分客户都是女性，所以在选择产品时，也更需要根据女性的整体训练周期和会员情况来选择。

星健身之所以选择普拉提产品，就是因为会员已经跟着星健身练了几年了，开始进入关注自身本体感受、变化的阶段了，星健身就会判断她们会需要普拉提的课程。这也是根据周期而进行的选择。

“深度市场要做宽，
宽度市场要做深。
所有的产品都应该
是金字塔结构。”

“03

包装在课程产品化中的重要性

一、技术是课程产品化的基石，但并非核心

在健身行业，技术绝对不是课程产品化中最核心的部分，而只是一个基础项，虽然它必不可少，但是一个产品的成功往往并不由技术决定。

市面上能够看到的大多数培训机构的技术在这几年里并没有很大的升级，升级的更多是外化的包装，包括视觉、宣传等一切可感知的包装手段。

我从事化妆品行业工作的时候，有人说过这么一句话：人体的皮肤构成是恒定的，皮肤结构、血液、细胞都大致不变。那这个时候，新兴化妆品种类到底是怎么来的？无非是外界的污染源变化了，影响我们的肤质和加速皮肤衰老。所以化妆品的核心就是：皮肤本身的结构是不会变的，变的只是技术和科学——怎么能够更好地渗透和导入？这就是皮肤的护理。

健身是不是也一样？人体的骨骼、肌肉状态是恒定的。放在十年后，力量训练的内核只会再细化，变化的只会是包装。

二、所有人都在选品，却不考虑包装

在健身行业里，大家对课程产品化的认知还停留在选品和选赛道层面，但从来没有对产品进行过深入的包装和营销。

这个行业中的大多数人都不具备包装意识，MFT 作为格斗课程品牌，其优势在于有图片、有实体产品，不仅体现在课程内容，这个品牌围绕课程内容还做了大量的包装，让用户更能够感知到这个产品的价值。放在 10 年前，这是绝对的降维打击。

很多门店看起来有很多课程产品，相当热闹，但客户对这些产品本身没有感知，所以对他们来说这些产品就只是有品类区别而已。未来的健身行业不会是这样的状态了。

过去的产品经理关心的是生产制造技术，现在的产品经理则更应该关心用户需求、理解用户需求、引导客户需求。未来的健身行业的课程研发者，需要更加重视对产品的包装和对用户感受的理解。

三、如何让产品被客户清晰感知

要想让产品被客户清晰感知，需要做很多视觉层面的工作，可以充分利用各种屏幕，如电视机、海报及其他液晶屏。

客户进入场馆后，教练应该向客户介绍不同的场地区域对应的不同课程；在教练与客户谈单时，教练要给客户展示门店内的课程产品手册，制定明确的训练计划，让客户反复感知到产品是什么样的，而不是仅仅靠教练用嘴巴介绍。要让客户能够清晰地了解到自己应当如何训练、预期目标是什么、训练之外怎么吃是安全的和合理的。

这些内容应该是由教练去传导，但是健身行业里大多数门店都只是靠教练用嘴说，客户的感知程度很低。如果我们有展示屏幕、海报、课程手册、场馆各区域的区隔，客户的感知就能够具象，教练也能够通过道具去和客户沟通，这样就能节省很多不必要的工作，降低门店对教练的依赖。

门店对教练没有那么依赖的时候，也可以降低销售提成，因为当方法越来越标准，教练在其中起到的作用就没有那么强了。

四、站在用户视角做产品

坦诚地说，2015 年时，我也没有产品思路，只有用户思维。我当时买了两个液晶屏，从开业起就轮播价格、轮播图片，因为我认为：如果我去消费，我需要了解这家店是什么样子，但是我不太想听别人跟我讲。

所以我完全从用户视角出发，找了一群高颜值教练，并且为他们安排了遂生学府和亚体的培训。然后这些教练就开始卖课、上课，但是我们所有的逻辑都是围绕客户感知来定制的：

我们会做海报展示、液晶屏展示、课程手册展示；教练服务特别好，沟通特别好；但课价是整个健身行业最贵的，600 元、800 元和 1000 元。所有来参观的同行都觉得这个价格太夸张了。

最初，我之所以能够获得不错的盈利，就是因为始终以用户的视角看待健身行业，不断提高用户对产品的体验。但在一段时间后，我过于追求专业化和技术，反而无法盈利。这很容易理解——老板心虚，总觉得自己家里炒菜做得不好，于是去拜访名厨大师学习炒菜，结果回来后反而不会炒菜了。

我是跨界进入健身行业的，技术是从业内相关机构学的，设备也都是从专业健身器材厂商那里购买的，我们卖的价格却比同行业贵 50%~70%。原因就是我们理解用户，并且把客户感知的东西包装好，并明确告知了他们。

另外，我认为课程产品化中，价格透明化是非常重要的一环。从 2015 年至今，我们的所有报价都是透明的。透明的价格也能够很好地增加客户对产品的感知和对场馆的信任。但是在 2015 年时，我去听很多健身行业的管理培训，都推崇隐藏式报价：觉得客户有钱，那此时价格就是 350 元；觉得客户消费能力低，就直接卖 180 元。但如今，现在那些做隐藏报价的机构越做越痛苦，因为折扣太乱了，客户很容易讨价还价。

“如果我们有展示屏幕、海报、课程手册、场馆各区域的区隔，客户的感知就能够具象，教练也能够通过道具去和客户沟通，这样就能节省很多不必要的工作，降低门店对教练的依赖。”

“04

课程产品如何定价

一、三种定价方式

在现在的健身工作室里，主流定价方式是根据产品和人的情况进行综合定价。

1. 以产品为主的定价

星健身的拉伸课是300元一节，普拉提课是500元一节，格斗课是400元一节，基础课是300元一节，这些一看就知道是根据产品、根据技术来定的价格，另外定价还可能涉及课程本身的稀缺性、课程中使用的专项设备等成本的问题。

2. 以人为主的定价

在星健身的早期发展阶段，还有另外一种定价方式，就是按照教练的级别定价。

初级的教练400元一节，中级教练500元一节，高级教练600元一节，如此类推。

3. 以产品和人的混合定价

继续以星健身的操作方式来对这个定价模式进行举例说明。

在2015年，星健身是以人来定价的，即根据教练级别确定一节课的价格，课程产品是辅助参考因素。从2016年开始，星健身进行了转型，变成以产品为中心，将人员的等级内部化，这就是星健身的薪酬体系。这种薪酬体系逐步成为行业的一种标准，不少企业也在模仿。

二、混合定价的运作方式

1. 教练的等级内部化

会员的课程价格是一致的，但教练获得的课时费根据级别不同而有区分。例如，当一名会员买了一节拉伸课，这节课的价格是300元，会员支付300元，如果给会员上课的是初级教练，那么机构给教练的课时费就是按照25%的比例结算，如果是高级教练，可能课时费结算比例就是40%。这就是“产品+人”的双向定价。

2. 更进一步的定价操作

上面描述的是基础的“产品+人”双向定价模式，但对于资深的教练，星健身还会采取“升级版”的定价方式。

星健身从现有的课程产品体系中剥离并推出一门 Pro（专家）级别的课程。能够教授 Pro 课程的教练将被星健身定义为专家级教练。在星健身，专家级教练的门槛是：在场馆工作时长超过四年，累计授课课程数超过 4000 节并拥有两张国际认证的教练资格证书。

专家级教练给会员上课，不是按照课程产品的价格来定价，而是根据这一级别教练的课程定价来确定的。

3．专家级教练的定价

首先，想要让一个健身品牌能够延续五年、十年甚至二十年，推动整个健身产业链发展，只有依靠这些专家级教练才能做到。

其次，对于健身门店来说，评判一个教练好不好，考量的是他的综合服务能力，而不只是专业性。能够在星健身做到四五年的教练，不一定是专业最好的，但他的综合能力一定是无可挑剔的。对于这类教练，星健身不可能给更高的课时费比例了（因为这会影响到门店的利润率、其他教练的心态等），那么想要给他们更好的待遇，就只能提高课时售价，让他们每小时的课程价格从过去的 500 元变成 600 元、800 元甚至 1000 元。

4．混合定价的优势

整个“产品 + 人”的定价逻辑就是产品和人的交互，就像周期的交替。过去几年，大家都在讲产品化，按产品定价成为主流；而现在人才越来越稀缺，大家不愿意进入这一行的原因，倾向离开的原因，无非就是觉得赚钱少了、没有被尊重……但如果一个教练一个月能上到 100 节课，课时费足够高，每月能拿两三万元，他没理由不把这个事情做好。

三、教练体系产品化

教练体系产品化实际上就是从授课时长、证书质量、教学人数等维度为教练制定一个等级。

过去在健身行业中，教练的等级完全取决于业绩。然而，我认为业绩只应该占到考核比重的70%，并且未来这个比重还将进一步下降，可能会降至50%~60%，因为教练的执教长期性、稳定性很重要。在星健身，有的教练即使一年没有接过任何访客资源、没有任何新单，但依靠老会员的续课和转介绍，一年业绩就能达到一百万元。这样的教练就应该被给予高等级，设置高课时费。

所以，我们不是一味地追求流量、让所有人去做业绩，而更要考虑如何让教练的收入更稳定、能够有增项，教练只需要持续打磨自己的专业能力就好了。

05

私教课程产品化的三个阶段

一、私教课程能否产品化

关于这个问题，健身行业里每年都在讨论，认为能和不能的都大有人在。一般认为，私教课程是可以做成产品的，因为人的肌肉、骨骼结构大体相同，客户需要的个体化专业技术内容也不多。但在实践的过程中发现，要完全统一教练的教学步骤或者流程很困难，私教课程也许很难变成标准化产品。

化妆品其实是最讲究标准产品化的，因为就是一个 SKU，只要是安全有效的成分定好了，OEM 的工厂按照标准化流程就能生产，所以是一种标准产品。服装也是如此，这两类公司其实都是做标准产品的。

如果没有“人”这个因素，私教课程其实是非常容易标准化的。但是产品化的出发点或者切入点并不是：所有教练的教学内容能够做到一模一样，这是不太可能的，因为人和人的体能、认知、动作和表达都有偏差，只是可能看起来动作是近似的，服务的流程上是近似的。比如，训练时应该达到什么样的心率，这些东西是可以考量的，可以量化，但是更容易做的是外核——产品如何让客户感知，这是完全可以做产品化的。

产品化一定是可行的，因为任何行业的发展都会推动这个事情。

举个例子，证书的认证系统应不应该产品化？美国的 ACE 已经做了几十年，越来越产品化，已经做到第六版了，那本书有 800 多页，章节设置更细了，非常厚，真的像个辞典，它很细致地告诉你大量信息，并将很多东西量化，使它们变得更标准。NSCA、ACSM 这些品牌也都始终进行着量化的标准迭代。

每一种课程产品都可以变成标准化的产品，只是时间周期的问题。

二、私教课程的三个阶段

第一阶段，1.0 时代，2010 年之前

那时候行业内没有课程培训机构，只有亚洲体适能协会在做一些零基础的基础教练认证和高级教练认证，这种状况直到后来赛普、567GO 的出现才有所改善。所以在 2010 年之前，虽然行业内有几个做得比较好的老师（比如李欣普拉提的李欣、卡玛效能的杨斌、中体倍力的韩克），但一般都是师徒制的逻辑。

所以在 2010 年之前，私教课程可以被称为“私教技术 1.0”，它是雏形化的产品。早期传承技术的这些老师，他们如今已经成为各个培训机构的创始人，因为他们一开始就掌握了私教的技术，然后由他们的口念心法衍生成可以量化、可以标准化，可以变成教材的内容。

第二阶段，2.0 时代，2011—2019 年

在国内健身行业，韩克是健身产品化的先行者，从 2011 年开始，做了整整 10 年的 MFT 格斗培训。他推 MFT 就是在做产品化——把口念心法的内容做成了一些标准的口令。其实在美国，有很多训练方式就是口令化的，一个字母代表一个意思，你听到这个指令就可以行动。

关于健身的产品化，一开始韩克做的就是：否定了很多以往的内容、简化了拳击口令，将口令、口诀等同于一些大家认知的通识符号，再去推广并变成培训标准。然后，再去反复刻意练习，就可以成为标准化动作、标准化私教，健身产品化的第一个升级就是 MFT。

韩克当时对 MFT 的要求是要达到“三个好”：教练觉得好，客户觉得好，老板觉得好。任何一个好产品都一定是要三方达成统一共识的——老板能赚钱，教练觉得上课也很愉快，客户感受也不错。

从 2011 年到 2019 年，国内开始接受 MFT 的课程产品，它刷新了格斗这个课程产品的认知标准，甚至刷新了各种品类的认知标准。另外，包括四大证书和一些海外的证书在内的证书体系，从 2015 年之后进入国内。随着这些变化，大家对产品概念的理解度更高了，对技术的要求也更高了。

在 2011—2015 年，大家对技术的认知开始清晰了，原先的口念心法慢慢变成了市面上的教材，而且教材的翻译也越做越好了；2015—2019 年，有点像从 1.5 版本进化到 2.0 版本，大家开始做包装、做营销，开始研究如何去拍摄，如何更好地实现视频化。

2010—2019 年，是私教课程、教练课程产品化的 2.0 时代：从过去的

教练技术、专业性的口令技巧开始变成结构化的书籍，宣发手段也开始日趋丰富。

第三阶段，3.0 时代，2020 年之后

3.0 时代的特色是什么？就是如何呈现给消费者——让消费者看到就想说：我想练这个项目。3.0 时代做产品做得最好的是莱美。莱美的魔力就在于它有大量的音乐版权和自己的音乐的开发公司——购买版权，再去剪辑，然后由那些非常有经验的教练去表演，把它再量化成标准的动作，在每一个季度推广发行。最后，全世界多个国家都在买版权的模板，这就是产品化 3.0 时代的具象表现。

从 1.0 时代的口念心法，到 2.0 时代的内容可视化，3.0 时代的表现就是全面的媒体化和全面地让消费者感知：这是一种真的让人愿意看完之后就想参与进去的、愿意主动购买的产品。

三、各阶段简单总结

1.0 时代偏技术，市场还没有形成物料上的标准，比较依靠教练个人发挥，技术的传承主要依靠师徒制。

2.0 时代形成了很多纸质的内容，课程产品也做到了更加标准化，技术传承已经不再完全依托于师徒制。

这是各种技术融合的阶段，或者是舶来的内容最多的一个时代。2015 年之前，健身行业很平静，没有那么多内容，发展得也没有那么快。2015 年之后，因为移动互联网的一波热潮，健身产业的发展加速了。资本、互联网，

再加上大量的海外代理课程产品全部涌进了市场。另外，2015 年之前没有这么多健身大会，一年可能也就两三场，但是在 2017—2019 年，恨不得一个月就有一场。

3.0 时代所带来的变化体现在更多方面，包括视频、宣传、营销等，从业者力图让客户更容易感知到课程是什么样的。莱美是典型代表，全年业绩很高，它已经把一些技术做成了标准，做出了量化。

“任何一个好产品都一定是要三方达成统一共识的——老板能赚钱，教练觉得上课也很愉快，客户感受也不错。”

6
引流邀约

01

传统引流渠道

传统健身场馆的引流渠道通常分为：预售、地推、活动外展、异业合作和转介绍等。我们分别来聊一下这几种引流渠道。

一、预售

1. 预售的意义

不论是商业健身房还是工作室都应该要做预售，它能帮助我们解决四个问题：

第一，打开知名度。健身场馆做的基本是三公里乃至一公里内的生意，通过预售可以起到品牌宣传的作用，吸引这个范围内的潜在客户进店消费。

第二，打磨团队，可以直接淘汰掉不适合公司整体发展和规划的人。

第三，获得一定的现金流。健身房是重投资的项目，现金流回笼速度越快，初始团队的信心越强。

第四，测试产品。检验客户对产品的兴趣点和价格的敏感度，这时候是有试错空间的，价格的高低比较容易调整。

2. 谁来负责预售

第一种是完全由工作室团队负责；第二种是工作室和预售团队一起负责；第三种是只由预售团队负责。

我们先拿第一种情况来举例。如果你只有一家店，在预售时，建议要求招聘到的首批教练成员们一起做预售。

这时候，预售又分为两个阶段。

第一阶段，在健身房装修过程中的预售。如果是在一二线城市，可以通过朋友圈、抖音、小红书做全域的线上宣传；如果是社区店、商场店、写字楼店，也可以采用派发传单的方式。

第二阶段，开业前一个月左右，健身房装修完成、器械还没到场的时候，可以再做一次成品预售。

如今的预售已经和过去方式不太一样了——以前是毛坯预售，场馆完全是毛坯房，团队就在隔壁或者工地的门口拉条幅、做背板、卖卡，告诉客人两三个月后正式营业。这是传统商业健身房的做法。当老板认为前期的预售款不足，将来开业不赚钱，就会把前期的承诺作废，实际交付的产品会和客户想象中的大相径庭，很多矛盾就是这么产生的。

但是工作室一般采取的是成品预售形式，客户在店面看到的就是实际的情况，然后可以决定是否购买课程、获得初始会员的优惠。

第二、三种预售的具体做法和第一类差不多，区别只是有没有专业的预售团队参与。我一般建议和专业团队一起去做。如果未来想做连锁，还是自己走一遍比较好。如果完全依赖预售团队，后期很有可能出问题。

3．预售的执行流程

基本上就是一个三角形的漏斗。

第一层，派单。过去叫宣传，专业来说就是门店的点位曝光：1~3 公里之内，大型商业健身房可能要安排 50 个人去做这件事，小型工作室可能一般也就是 6 个人，瑜伽馆会找专业的预售团队来负责。

第二层，团队收集所有的客户电话、微信等联系方式。

第三层，邀约到店体验之后成交。

预售是定金模式（不可退费），用“99 元活动八大权利”等类似优惠来锁定客户和意向名额。

比如通过派单，10000 张传单，可能其中会有 100 人付定金。这些人就是意向客户或者潜在客户，再邀约到门店，体验后成交。

4．关于预售的建议

第一，用企业微信添加客户，建立企业微信群。

企业微信的好处在于：即使预售人员离开，他们负责的意向客户的联系方式也全都上交，这些客户会回流到门店；如果用工作人员的个人微信联系，客户资料可能会丢失。

第二，每日数据表格的收集。

做预售需要通过做表格来对每天的数据进行统计，当天检查定金，发现团队可能存在的问题。比如，六七个人出去一天能产生多少张定金单，负责人要做到心中有数，防止出现偷定金的行为。

预售过程中常存在预售人员只是拉客户付定金，但可以退的方式充数，或者只是用礼品来诱惑客户付定金，但这些人不是真正的成交客户，所以负责人需要对缴纳定金的客户进行电话抽查回访。

第三，设定收尾期。

成品预售之后要设定试营业的阶段，让所有潜在的定金客户都到店来，先体验一下，这一阶段叫作收尾期。这种做法可以防止收了100个人的定金但可能只有50个人到店，需要邀请其他未到店客户来陆续收尾。如果之前完全是由预售团队来操作，那么他们一般在预售结束之后立马就走人了，可能根本没有来得及邀约这些还没有来的人，交接会比较困难。

如果是完全由工作室团队负责预售流程还好，但如果有外聘团队的加入，那一定要做好收尾期的检查，要根据销售业绩做分账，并且检查每一个客户的合同，避免过度承诺。

二、地推

1. 地推的意义和特点

预售工作的内容里其实就包含了地推——预售是提前销售，而地推是其中的常规工作。

比如，社区店可以和社区居委会沟通，在小区里摆一个展位，开展免费公益活动，帮大家体测；可以在业主群里发放在线问卷，提供体验课。这看起来好像是线上推广，但还属于地推，因为它的精准度非常高，是针对这个社区进行展示，可以引导大家建立对门店的信任感；或者，可以通过居委会、业委会发放通知，通过领取福利的方式引导业主进店。这些方式会带来流量客资，而且精准度相对比较高。

传统的商业健身房过去20年的预售行为，按照过去的说法是“下市场”“踩盘子”，其实本质上就是地推。比如，预售团队在开启正式的预售工作前，提前7天做市场调研，看健身房周边3公里内的潜在用户数量、住宅数量、写字楼的质量以及社区旁边有没有小学、商超。然后就是上面提到的预售手段，派传单、加微信等。

在过去，90%甚至100%的预售手段都是采取地推和人海战术，这些手段时至今日仍然有效。如今，在一线城市，商健社区店70%的流量依然来自于地推，只有30%来自于线上流量。对于工作室来讲可能相反，地推比例会低一些，但也至少还有30%的客户会通过线下引流成交，如果不做地推，就少了30%的流量。因为派单过程中是能够挖掘到潜在顾客的，受众人群看过宣传单之后会去网上查询。

2. 地推的形式和客户特点

地推需要当成一项日常工作长期做，具体有以下几种形式：

（1）派传单

某些健身房，教练入职的前三个月都需要穿着印有门店名字的教练工服在门店周边派单。居民经常看到，也就知道了健身房的名字，说不定哪天就想起来去看看，或者上网搜索了解后就进店了。

（2）在门店附近显眼处放置印有门店信息的KT板

（3）扫楼

把传单放到周边写字楼前台、周边小区物业服务中心前台。

上面的这些方式现在依然有效，本质上都是曝光的手段。地推的目标客户通常没有固定的购买标准，而是根据他们所看到的内容来做出购买决策。

此外，他们由于获取信息的渠道相对较少，因此通常不会主动搜索产品或服务。所以，我们就更应尽可能地将这些信息送到他们的眼前，从而使他们产生冲动消费的可能性。

3. 地推由谁来做

我会建议由健身房的会籍部门员工或者工作室的教练来执行。

一直有个说法——工作室很难活过三年。

原因是：

第一年，所有教练齐心协力一起去外面做地推拓展，挖掘客户，干了会籍的活，开始有客户，大家就开始上课了。课程来源渠道有三方面：地推的新客、线上流量、转介绍，导致工作室第一年业绩很高；

第二年，老教练就只负责上课，因为其课程量比较大，没有精力做地推。如果这个店此时发展比较稳定，比如说有多名教练的业绩值达到了老板的预期值，大家都比较开心，团队业绩也不错，就进入了舒适区；

第三年，一旦老板希望打破舒适区，进行薪酬调整，可能老教练就会出现心态波动，有离职的状况发生；或者有些教练已经掌握了一定技巧，也会想着自己开店。这些都会导致客户流失，同时又没有新客源进来，没有人再去开单，没有人再去做地推。结果就导致新入场的流量只能依靠于先前的线上好评，而在线渠道流量也在下滑。那么此时这个店就很容易倒闭。

如果常态化地开展地推，就可以保证一直有流量进入，一直有新客上门，工作室门店的生存空间稳定。

对于商业健身房来说，基本会把地推当作日常工作，我问过几个老板，他们的新单中有 70% 依然来源于线下的地推。

4．关于地推的建议

（1）地推是工作室的日常工作，要和教练形成共识

开店第一年，教练的课量往往不太饱和，此时一定要做地推，等第二年课量饱和了，能保证业绩的前提下就不用太强调地推，可以逐步减少。

另外强调一下，每过两三年，小区会有新的住户，写字楼会有新的租客、新的员工，这些都是门店的潜在新客户，但如果没人做地推，这些人就不会知道门店的存在，更不会成为新客。

（2）了解区域特点，防止违规

一线城市现在要求很严格，在小区内宣传经常会被认定为违规。如果是社区店，尽量跟所在小区的业委会搞好关系，一起商量合作，给他们也提供一些优惠。

（3）搞定小区社群内的“KOL”和其他企业，推广宣传和优惠活动

可以和小区社群内的“KOL”、活跃业主合作，搞一些优惠或者团购，建立口碑。比如工作室可以免费做营养讲座、搞社区跑团，提供拉伸和热身指导，带着大家来做。很多工作室都是这样做，群里氛围也很好，最后可以直接变现。这是工作室很擅长做的专业服务，商业健身房在这方面更有优势，毕竟有会籍处，每天都可以开单。

还可以在企业内进行工间操、免费培训等形式的推广。比如，商场店可以和商场的市场部或者各门店的老板去谈类似的合作，可能一线城市的商场中大品牌较多，相对来说比较难谈，但二线城市的商业地产没有那么夸张，很多都是加盟店，可以尝试去跟健康食品这类高频次消费的门店进行合作，搞地面推广。这些方式其实就是异业合作，或者点对点的去找客户的合作。

三、活动外展

1. 活动外展的几种形式及客户特点

其实很多地推的形式中也包括了活动外展。相对而言，地推是需要长期坚持的推广，而活动外展是比较暂时性的推广，它的形式非常多样，包括露营、跑团、飞盘、橄榄球、课间操、企业内训、健康讲座等，甚至还包括商场庆祝活动的驻场。

如果你经营的是瑜伽场馆，可以联合商场搞个百人瑜伽、千人瑜伽，由商场提供场地，门店来召集所有的爱好者一起上瑜伽课。这样会带来精准的私域流量，同时商业活动本身也会带来一定的公域流量——大家会进入现场观看到活动，从而使场馆得到一定程度的曝光。

再比如，可以举办一些以兴趣做联结的跑团、露营活动等。这类活动所触及的目标客户相对来讲更精准一些。比如跑团、飞盘活动前后需要热身和拉伸，因此比较容易导入门店；露营是一种休闲生活方式，参与的客户都具备了一定的消费能力……这些方式都比较容易精准联结客户，将他们引入到现有的门店。

与企业合作的形式包括提供营养讲座、脊柱保养科普、工间操等比较精准的方式。场馆还可以对企业提供定向的小团体课程，给企业高管提供私教课。还有和车商 4S 店合作试驾活动，一起开展野外活动、露营等贴合消费者需求的活动。

2. 由谁来执行

活动外展一般都由创始人来执行。

很多跑团都是由于工作室老板或者创始人自己喜欢跑步、骑行，出于兴趣做起来了；至于商业健身房，很少有能做出知名的，主要是因为创始人没有相关资源和精力。

这种活动外展如果持续下去，会从个人兴趣逐渐转向能够带来收入的客源。一般都是由公司牵头，教练执行；如果是公益讲座，需要公司内部的专人或者老板来做课件，由培训师或者身材形象比较好的教练去讲。

3. 关于活动外展的建议

第一，活动外展前期可以免费做，但如果想长期做下去，一定要形成可盈利的模式。比如按次收费、会员制等，很多人做不下去的最大问题就是没有盈利支撑。所以，我认为最重要的是前期扩大曝光和影响力，拉动更多的潜在客户去关注，但后期要变成盈利项目，不需要很赚钱，但要保证有收益，收益可以再分配给团队，使得项目能够继续维持下去。

比如，搞一次飞盘活动，在北京一般可能每人每次会收费 80~100 元，偶尔做一两场免费活动是可以的，但不能每次都免费。当然，也有一些门店老板把这些活动当作会员福利。我们门店会有向会员售卖卡券的观影活动，399 元的费用，包含两张电影票和一次体验课，我们会通过推广活动来让会员主动进行转介绍。

第二，可以和写字楼里的大型公司合作开展课间操、公益讲座等一系列活动，可以保留这些活动的课件，进行视觉优化，并对会员端和教练端做讲解。把这个方式当作敲门砖，不断地去找企业拜访和合作，找到新的流量。

第三，可以设置专人负责，建立企业合作相关内容的二维码。将相关内容汇总，制作一些品牌的 PDF 文档，并通过会员端的社群或点对点的方式传播，以扩大门店的影响力并获取新的商业合作机会。

例如，我曾经组织过跑团，总结了平时的跑步路线等信息，制作了一些PPT并发送给企业客户。客户看完后可能会说："我也想参加跑团，或者听听健康讲座。"这就为商业合作提供了机会。

如果员工较多，可以设置负责健身类服务的专人，不仅为企业提供门店的健身服务，还可以提供整个业态的健身服务。如上门指导、带领他们参加团体活动、组织专项活动等，形成一个企业服务菜单。

四、异业合作

1．异业合作的特点

（1）异业合作与活动外展的区别

两者最大的区别，在于活动外展是由门店单方面主导，异业合作强调品牌双方的利益互动与长期合作，而且这种合作不仅是在健身行业内部进行的。

我们以在小区开展讲座为例来说明活动外展的流程：门店派出一个小团队，与小区的物业进行沟通，对方提供一定的场地，并在业主群发布广告进行宣传，但最终的场地布置、活动细节安排、讲座内容筹备等各方面，主要由门店的团队来操作。

异业合作比较常见的方式是与美业、幼教等业态的合作，这些业态与健身类似，都属于生活服务、休闲娱乐的范畴，共同点比较多，合作的产品线比较多元。

（2）异业合作带来的客户是什么样的

强调一下，异业合作没有固定特点，主要是根据自己的用户画像和门店位置来判断。

比如，社区店的合作偏重家庭生活类，可以和洗衣房、宠物店、便利店等周边的生活服务类业态合作；商业区的门店合作以商业地产为主，合作业态主要有餐厅、美容美发店、咖啡店、电影院等，而且以连锁店、大品牌居多；写字楼的异业合作可能就要考虑职业女性或者一些精英白领客户所钟情的业态。

宝妈是社区店中数量比较大的一类消费人群，而写字楼店合作的客户可能主要是职场女性、企业中高层精英，这些人的消费层次、兴趣点都不同，所以异业合作的整体设计就会差异很大。

（3）异业合作的形式

合作的基础就是资源交换和转化，针对一些比较典型的客户有几种常见的合作方式。

针对宝妈群体：可以和幼儿教育业态合作，很多社区店旁边就是跆拳道和儿童艺术教育类门店；可以和生活类业态合作，比如插花、摄影、咖啡等偏文艺类的门店。星巴克也提供一些合作，组织一些人来进行手冲咖啡的培训、品鉴之类的活动，一些在三四线城市的精品咖啡店也会举行类似的活动。

针对办公室白领群体：可以和美妆等业态合作一些营养、理财、形体礼仪、美妆等相关内容的培训。和美妆品牌合作，可以让客户到对方门店参加培训，双方共享客户资源，有点类似转介绍。本质上来讲，这种方式就是在建立临时的新场景，通过更多的交流来实现成交。

针对企业中高层管理人员：门店可以和名牌车企的4S店合作，比如与宾利、法拉利、保时捷的车友会进行合作，一般都是提供免费年卡来吸引这些高端客户进入健身门店消费，在这个过程中推动他们尝试其他的私教等服务。也可以做营养、康复培训等活动，这就与活动外展的方式有点重叠了。

2. 异业合作意义和价值

门店如果能够明确自己的用户画像和品牌定位，位置也比较合适和稳定，那么异业合作可以给门店带来稳定精准的客户来源。这种方式本质上就是通过新的场景和新的服务方式来创造机会，让合作双方都可以获取对方的一些稳定客户的信任，实现资源交换和转化，这是一个双赢的过程。

某些商业健身房会和豪车会的车友会合作，免费给车友送年卡，一张卡价值 5000 元。100 张卡送出去，可能就获得了一批具有较高消费能力的精准客户，他们在门店就有可能会购买更高客单价的私教等服务。如果想要通过其他方式来获得这些高价值的客户，获客成本可能就会高很多，甚至不太可能获得到。

3. 异业合作由谁负责

小型工作室主要依靠老板的个人能力。例如，我们在店面不多的时候，由于教练形象好，会有人主动找我们合作；当店铺数量增加到四家及以上时，一般会有专门的市场部人员和外部品牌进行对接。

早期，我们市场部与高频次消费的健康食品品牌合作比较多。在 2015—2017 年期间，我们合作的品牌超过数十家，赞助费用相当可观。他们赞助我们，我们宣传他们。我们当时的课程质量非常高，客户人均消费也高，也算是这些品牌的理想客户。

4．异业合作的建议

（1）先搞清楚自己的品牌定位、门店地址和客户定位再去选择合作对象、合作方向

这方面的认知越清晰，合作的机会就会越多也越好。合作前期需要介绍自己的优势，让双方都能够清晰了解，这样就容易深入合作。比如，有位女性创始人开办的瑜伽馆会和插花、旗袍等门店合作。因为瑜伽馆的客户大都是女性，对旗袍比较感兴趣，而且特别会对这类高端定制店感兴趣。这样，双方的资源可以共享，替客户提供额外的服务。另外，合作不仅仅只是为了换资源，也可以相互提供品牌的认同，提升客户的价值观。一些精品工作室就会和偏高端的奢侈品品牌进行合作，比如和表店、红酒店等合作，提供一定的宣传效应和虚拟价值。

（2）慎重和美业合作

美业的隐藏消费比较多，可能门店介绍了客户过去，消费得太高客户会有种上当的感觉，反而造成不好的影响。而且有些美业客户虽然消费能力比较强，但也不是我们的潜在客户，反而一些美发、美甲项目，虽然客户消费能力相对没有那么强，但价格相对比较透明，也和健身同属于生活业态，客户消费意愿上有一定的重合度，这些项目会是比较好的合作对象。

五、转介绍

1．转介绍的意义和价值

转介绍是已有会员的裂变，在流量见底的时候，转介绍是社区店最重要

的引流方式之一。

2．转介绍渠道特点

转介绍是信任背书最强的一种线下成交方式，金额一般会比较高，优于其他的几种引流方式。工作室的口碑和服务等各方面都做好了之后，转介绍就会自然而然有结果，并不是需要特意采用了什么手段、技术才能达成的。对于社区店来说，这一点就最为明显，可能大部分流量都来自于转介绍。

3．转介绍应该成为制度吗

一般公司会对转介绍进行奖励，但很少会形成制度，对客户转介绍比较容易判断，可以形成奖励机制；但对教练需要综合考虑，但尽量不要形成制度，大家一般都比较反感制度。

相对而言，转介绍制度在社区店可能容易实施，但商业店或者写字楼店就不容易设定 KPI，这对团队不友好，容易引发离职；我们在商务园区的门店就应该重视新客的引流，而不要太重视转介绍，因为客户的留存度很低，每年客户都有很多更换。

另外，说一下转介绍标准的评判制度。确实可以通过转介绍的数量、现有客户基数进行数据化的筛选，可以发现一些业绩最稳定的老教练都是通过转介绍实现转化，而且不占用公司任何资源，他们本身就可以实现客户的裂变。这些教练有两种，一种是服务型教练，专业、内容、服务都比较好，在结果导向上比较好；另一种是沟通型教练。这两种教练都会更容易获得转介绍。

4. 提高转介绍效率的建议

（1）双方受益

原来我们一般只考虑，如果客户介绍了其他人过来买课，就给他本人一些奖励，现在也会考虑给这些客户的朋友一些优惠或奖励。这样一方面增加客户的主动性，另一方面也会减少客户那种“出卖朋友”的感觉，毕竟自己的朋友也获得了一定的优惠，是一个对双方都有利的结果。

举例来说，一个新客的获客成本是1000元，门店分别给到他们两人各自500元，但以前我们可能只给客户一个人800元，以为这样可以增加客户的积极性。但其实很多客户并不是冲着礼品就会做转介绍的，而是认为教练确实不错，想推荐给自己的朋友，如果只是自己拿到奖励，反而不太好意思推荐。现在我们就考虑让客户和他的朋友都获利，增加了客户的积极性。

（2）女性比男性更愿意转介绍

设计转介绍产品时，一定要更多地从女性角度进行思考。根据我们的经验，男性转介绍和女性转介绍的比例大概是一九开，因为女性更愿意分享，而男性是不太愿意做这个动作的，拉自己的哥们儿过来的极少。

（3）转介绍体验产品需要设计得更简洁

转介绍体验产品设计得更简洁，就可以更容易帮助客户确定目标，并做出更长期的目标规划。因为一般女性客户会陪同自己的朋友在现场，这样的消费场景更容易建立信任感，成单金额也更高。比如自己的闺蜜已经在这训练一年了，那么她本人买半年到一年的课程是非常有可能的。

“设计转介绍产品时，一定要更多地从女性角度进行思考。根据我们的经验，男性转介绍和女性转介绍的比例大概是一九开，因为女性更愿意分享，而男性是不太愿意做这个动作的。”

02

线上引流渠道

健身场馆的线上引流渠道分为：美团和大众点评、抖音、小红书、视频号、朋友圈。我们分别来聊一下它们的情况。

一、美团和大众点评

1. 渠道意义和价值

美团和大众点评这两个渠道曾经对健身工作室的出现和发展起到了决定性的作用。健身工作室从 2012 年开始就出现了，但彼时并没有获得很大的发展。当时那些商业健身房的教练以及早期的工作室创业者陈蕴、罗思杰等人，他们都非常优秀也非常有思想，不接受当时的一些不良风气和商业氛围，出来创业，开设了自己的健身工作室。但一直到 2015 年左右，健身工作室才获得了快速发展。之所以是这个时间点，其中的一个重要条件是“互联网+”时代的到来，线上社交媒体以及美团和大众点评帮助工作室获得了大量的流量。

过去，工作室业态很难扩大，一方面因为商业健身房具有选址、财力等各方面的优势，另一方面也因为工作室没有获取流量的来源。在2015—2019年，美团和大众点评有了比较大的发展，改变了健身业态的流量获取方式——以前的线下找寻产品的方式变成了线上，就和餐饮、生活娱乐等其他形式一样，工作室可以比较方便地在线上获取足够的流量，吸引足够多的客户进店，因此也促进了健身工作室的大爆发。

通常一二线城市更多使用的是大众点评，三四线城市则更倾向使用美团，而且这种趋势还在增长中。在二线城市，因为现在点外卖的人越来越多，美团的份额也在不断增加。

总结一下这两个渠道对健身工作室的意义：只要每年交了开户的费用，并且愿意去经营，还是可以赚回获客的交易成本。比如点评的开户费用，北京是3万元、二线城市是1.5万~2万元，加上一些流量推广的费用一年总共约5万，但是这一年获取的客户可能累计消费15万~20万元。听起来花销只有收入的1/3到1/4，但还需要扣除人工成本。之后是否还有结余，主要是要看它的用户周期。如果门店的服务好，基本是能够赚钱的。

2. 现在的市场情况

这两年商业健身房也开始重视线上引流，从2019年开始，有30%左右的流量来自线上。早年不重视线上引流，还是因为竞争的商家比较少，现在竞争更激烈，流量也已经进入存量时代了，所有人都不得不重视线上。

美团和大众点评帮助了工作室，也改变了商业健身房的业态逻辑。商业健身房有会籍卡和私教，过去不太可能让大家就像工作室那样体验私教。商业健身房有会籍部门负责售卖会籍卡，一般都不重视线上流量，没人专门负责维护美团和大众点评，而会更多采用一些强销售的话术来推销，这让客户体验感很差，会在线上给门店打很低的分数，也进一步降低了会籍部门维护的意愿。

经过迭代的商业健身房现在都会重视线上的经营，注重口碑，甚至会籍卡也有很好的销量。比如，北京有个品牌，设计了按分钟售卖的会籍卡，有单价 20 元一次可以练两小时的会籍卡，半年卖出了 8000 张；999 元可以练 4000 分钟的卡，半年内卖了 198 张。

近年来，商业健身房在线上做得比很多工作室还好，一些大的连锁店具备规模优势，整体结果反而会更好。比如，门店以会籍、游泳卡作为入口，客户进来之后根据需求再去现场拆分和现场放大。

在这两年里，商业健身房一直在适应着线上化的逻辑，客户的消费习惯正在倒逼整个市场做革新，流程更加透明化了。

3. 谁来负责

如果是单店，就靠老板自己动手来做，但这就会比较吃力，因为现在市场越来越发达，越来越需要专业技术和专人维护；如果有 4~5 家店的规模的话，可以考虑找代运营公司做基础维护；大一点的连锁店可能就会自建团队，专门负责美团和大众点评，而且和负责微信、抖音的员工还要区分开，毕竟术业有专攻。

4. 提效建议

（1）代运营公司在这方面的经验丰富，可以考虑找他们来做一遍，跟着走一遍会更容易掌握运营技巧，减少时间的损失

（2）美团点评的运营不是一个短期行为，需要一直维护，要保持耐心，因为渠道的规则在不断修改

比如在2021年，点评的规则就明显利好老店而不利好新店，因为平台鼓励门店更稳定而不是高速扩张。但在更早期，很多老店其实做起来会很艰难——新店可能看起来比老店还高级，但实际上新店做得并不好，然而这只是因为评分机制的权重不一样。

（3）对于一些有品质的店来讲，一定要把大众点评当成自己的线上门头来装修和设计

要想在点评上取得成功，就必须像对待线下场馆一样认真细致。很多人都没有意识到这一点，或者并未充分重视，我也曾有过这种误区。流量是必须追求的，我们只能去适应它的规则。我这两年也开始研究以前从未涉足的短视频领域，特别是视频号和抖音。因为我认为流量会转换到一些新的场景中，就好比从线下到线上的大众点评、美团一样。

二、抖音

之前我认为抖音不适合做健身门店的引流。但是2022年，抖音开始大力地推同城板块，比如按摩、SPA、美容美发、健身、家政。

所以我觉得未来五年抖音会成为新的“大众点评”。

如果是一家小店，老板个人的属性和特质反而很可能更容易放大，通过人来放大店或者通过人来展示店。比较明显的例子是抖音博主“运动康复找老孙”，已经两百多万粉丝，他在广州有一家自己的门店，经常在店铺里做直播。也就是说，他在门店里头也能获客、做产品的带货，同时，一些外地患

者可能会到他的店里做诊疗。所以，这种方式把自己康复工作室的经营范围变相地扩大了。

1. 抖音和其他流量平台有什么区别

第一，抖音的流量粘性会更好一些。

抖音后期的发力会比大众点评要好。2022 年，很多店铺在大众点评上的流量下滑非常明显，我们用一个词叫“烧不动”，投了流量、投了费用，就是没有人点击。因为大家在抖音上会消耗两三个小时，但你只有在吃饭的时间才会想起来大众点评。大多数时间，可能大家都在刷抖音、小红书，刷大众点评的人越来越少。

从流量精准度来说，没法直接判断抖音和其他平台孰优孰劣，但是从用户粘性来讲，抖音肯定是更高的。后期如果团单设计得好，抖音流量的精准度其实是非常好的，这个需要自己来设置、调配，跟门店品牌的条件相关。

第二，抖音更容易进入私域，大众点评有私域门槛。

抖音可以通过团单进私域，也可以通过日常的内容吸引用户进入私域。比如说 1 万粉丝以上就可以开设粉丝群，很容易建立私域。虽然粉丝可能不在你所属地区的范围内，但是这类私域延展性比较好，不过有个前提是你的门店必须具备能够摆脱地域性限制的产品。

第三，抖音更娱乐化。

大众点评是刚需——大家想去吃饭，想去健身，所以就来大众点评上团购，目标性很明确；抖音偏娱乐休闲，比如按摩为什么会好推，为什么同城美食也会好推？反正每天都要吃三餐，大家猎奇，就尝个新鲜。

抖音上的探店，虽然店名是健身、瑜伽、普拉提，但是消费者并不太关心这个品牌叫什么，只是看到这个门店觉得不错，就会有消费；或者点了关注，虽然这个店可能和他隔着一个城市，但如果去到那个城市，他可能会去看看；如果平时还有一些可以快递过来的产品服务，他可能也会购买。

2. 抖音引流的成本

在抖音上，我做了个人帐号，增加一个粉丝的成本大概应该是 5 元左右，进入到私域的成本大概是在 40~50 元，一个成交客户的成本是 500 元左右。

对比其他引流方式，比如大众点评健身消费类的在北京到店成交的成本，一个获客将近 800~1000 元。但大众点评的流量明显感觉在走下坡路，获客越来越难，烧钱也很难获取新客流量了。所以现在大家都去做抖音来尝试突破一下，因为抖音的流量最大，咨询量也很高。

3. 不同规模门店的抖音团队架构

一两家门店没有能力单独配置一个人去做抖音。一般是老板自己尝试，但这样很难做出成绩，因为财力和时间成本投入太少。如果做到五家店以上，可以设置市场部或者品牌营销部门。如果连锁品牌做到 15~20 家店，通常部门架构会有 3~5 人；甚至有 50 家店的品牌，会将品牌营销工作内容具体分为小红书、朋友圈、大众点评、抖音这四个内容业务版块。

未来是存量时代，现在大众点评流量减少了，抖音流量增加了，就必须做抖音。

4. 教练做抖音号如何管理

教练做个人账号是很难管理的。

做出个人 IP 账号的教练未必愿意接受公司管理，毕竟签署的是劳动合同，不是艺人经纪合同。星健身是第一代的网红工作室，一些教练在抖音上可能有几十万粉丝，如果老板在抖音有五百万粉丝，就可以管理他们，否则就不行。

如果由门店统一来管理，一定要采用泛账号的形式——员工都按照公司要求去做，不能形成独立的 IP。

5. 做抖音的一些建议

第一，理解用户，从用户思考的角度来做内容呈现。

比如，如果要讲一块砖头有多硬，专业视角是从它的成分、生产技术等来讲；但是用户想看到的是砖头砸东西砸得稀碎，一看就知道这个东西很硬，这就是用户角度。

第二，实操方面，要看自己的擅长。

短视频：可以找制作公司拍几条公司的场景、环境、服务来播放，也可以通过达人探店，带动货品销售，这都对内容更新和投放投流有比较高的要求。

门店直播：对于主播有要求，对于门店内容或者门店场景的经营也有很高的要求。

第三，根据自身规模和特点，需要投入很多时间和精力去学习。

现在大家都处于涉足抖音的初期，踩坑是必然的，时间成本和财务成本都是必须要支出的。

我们不同的门店做法也有不同：有的门店开企业号做门店直播业务，直接卖产品，做到一场将近五十万元的业绩，这种有短期效果，但直播结束就没了，没有长期效应；还有的门店通过直播门店的实际场景，每天分享技术，流量高但是成交率低。这种方式可能后期稳定性高，会增加一些粘性。

现在没法判断哪种的效果最好，完全看每个账号或者门店的特色。

对于个体工作室，可以找一些较成功的工作室或者其他的同类，比如说SPA、按摩等同城账号上有结果的公司去学习方法论，这样是效率最高的，会少走一点弯路；对于偏培训机构的工作室，以培训为中心进行直播，涨粉非常快，也会带来一定的客流；对于有些纯私教门店，卖团单的方式可能是最快的，可以快速获客去门店成交。

另外需要注意，抖音的算法和政策变化非常快，甚至每隔三个月就会有大的调整，大众点评的规则没有抖音变化这么快。

三、小红书

1. 渠道意义

小红书有两个关键词:“女版百度”“种草”。

小红书是女性用户视觉种草的重要渠道，更偏视觉化、艺术性和体验感，非常适合瑜伽、普拉提业态。它是受女性关注度最高的平台，而且精准度很高，转化率也很高。

比如，杭州有个门店做上门私教，由女教练给女生上课，13 个教练可以做到每月六七十万元的营业额，特别是孕产方面的需求很高。这个门店的大量订单来自于小红书，门店在上面展示女性身材和状态，收获了很多用户的关注以及后台咨询和下单。

小红书相对于抖音、大众点评来说，是一个蓝海，但内容要求比较苛刻。

现在有个“四大件”的说法，即大众点评、小红书、朋友圈、抖音。有些健身房要求教练在这几个平台上每天发内容，乐刻和健萌没有硬性规定，但也在做相关的培训。

相对来说，对内容要求最低的是大众点评，它其实就是装修、门头设计和团单；抖音是短视频，拍摄门店、宣传场景；但小红书是构建一种状态、意识，去实现并达成客户的心理需求，成交意愿高、金额也高。

2．客户群体

小红书的用户画像主要是女性群体，她们比较喜欢美图和视频，有点像国外的 Instagram，风格偏向笔记、故事性强。

3．谁来负责

要么老板自己做，要么就交给市场部的人。

4．提效建议

做小红书，一定要有好的故事和好的内容模板，模仿是一个比较好的捷径，否则自己从头开始做成本太高，也未必有很强的能力和天赋。对于商家来说，下面两个建议可以参考。

（1）参考前 10 名。这里参考的是内容的主题性。可以去学习和模仿这些头部同行，喜欢谁的内容就按照类似的风格做起来。

（2）参考比自己高一个层级的门店，不要参考比自己高级太多的。这里参考的是内容的风格。让女性对消费保持一点点仰望的态度，才会具有充足的消费欲望，但不能落差太大，否则不容易落地。比如一线模仿超一线，二线模仿一线，三线不要模仿超一线。成都的门店可以参考上海同品类和定位的品牌进行模仿，同城的B类参考A类，大概就是按照这样的规律来模仿。

四、视频号

1. 渠道意义

视频号现在和抖音的风格越来越接近了，但抖音是大公域流量，视频号算是小公域流量，两者都可以吸引到非常多的泛流量，给品牌获得重复曝光的机会，增加粉丝的信任感。因此，很多相关的内容可以参考抖音，门店需要自己做好定位、打好标签，比如是做门店品牌还是个人品牌，相应的内容可以更有针对性。现在视频号也可以直接带货了，有明显的商品购买入口，非常方便。相对而言，视频号的粉丝信任度会更高，成交的频率和金额也会更高一些，毕竟和朋友圈的绑定比较紧密，具备一定的优势。

2. 谁来负责，如何执行

视频号的定位偏个人而不是公司，所以视频号打法应该是先做个人，而不是做公司——就是人传播业务，而不是业务传播人。可能在后期，会和小红书、抖音一样，出现公司的视频号，但现阶段还是以KOL为主。

因此，要么门店少的老板自己做，要么连锁店找代运营公司来做，基本上就是规模决定了运营模式。

3. 提效建议

第一，视频号要坚持做。在我坚持了一年后，能够明显感觉到流量、成交各方面都上来了，它很可能会成为下一个抖音。在长期坚持的过程中，我的话术、镜头感也形成了肌肉记忆，能够非常轻松地完成视频号的视频拍摄和直播。

第二，要不断摸索一些小技巧，形成各种套路。比如，想要展示某些内容类产品时，不直接展示产品，而是去做一些圆角的手牌，两面印着产品的图片，这样展示起来就很方便。

第三，可以考虑把内容做成几个版块，轮流播放不同的版块，在一周或者一个月内循环播放或者开直播。

第四，可以和其他的主播连线，相互获取流量。

五、朋友圈

1. 渠道和客户特点

朋友圈和其他渠道不一样，能进到朋友圈的人，都已经经过了一轮的筛选，它的功能是偏运营和曝光的逻辑，成交的事情一般在其他渠道里完成，比如让有意向的客户去门店体验后成交。

微信朋友圈是标准的私域，类似自己挖好的井，即使每天发十条二十条内容也不用太担心。而且，对于门店负责人来说，不仅可以把内容发在自己的朋友圈，也可以要求教练发一些内容在他们的朋友圈，可以采用一些统一的格式和要求，相对还是比较容易管理。

2. 如何运营

第一，公司层面，对于大型活动一定要设计好大量的文案和图片，让团队统一执行和发放。

如果客户有多个教练的微信，会更容易被多次曝光和多次影响。比如，我们做飞盘等户外活动是免费的，但会要求参与者发一些经过设计的宣传图文。还有紧急闭店的视频，我设计好了就拍几条，准备好文案，让员工统一发。这些是公司业务层面的宣传，无论是活动、通知、促销，都是适配的。

第二，个人业务层面，我们非常鼓励团队成员去做训练打卡。

我们的教练在朋友圈发的基本都是跑步和训练打卡的记录，这是一个非常好的自律层面的展示。对于健身行业来说，教练个人健康状态非常重要，可以建立自己的自信心，对客户也是一种激励。

第三，个人爱好的层面，我们也是鼓励的。

比如有人喜欢骑摩托，有人喜欢滑雪，有人喜欢露营，有人喜欢户外运动，这些都可以作为朋友圈的内容素材发布。我们很希望教练有积极的生活情绪和生活内容方面的展示，因为他是一个完整的人。越是这样，就越吸引消费者，最后客人会因为这种情绪状态和氛围感喜欢并坚持下来运动这件事。

第四，可以考虑加标签。

比如，我会建议教练在朋友圈加上我们“新鲜健身”“星健身”的标签，门店的品牌其实也是可以通过这个来推广的。

总的来说，个人化内容一定是要鼓励的。每个人的账号 50% 应该是跟业务有关的，敬业的人可以达到 70%；如果是老板，70% 都应该是工作内容，30% 是生活内容。如果只是一个教练，我认为五五开就可以了。但如果一点儿业务都看不到，全是生活，我觉得这个教练也是有点问题的。老教练会经常发生这种问题，这样的员工很难成为管理者，因为不能以身作则，我会要求自己门店的管理者都要注意这一点。

03

流量、流程和留存

任何门店的运营核心其实就是三个“liu”：一个是流量，一个是流程，一个是留存。

一、流量：流量不在多，在精

获取流量时，一定不能完全靠低价引流。

优质的流量绝对不是通过低价引流获得的。星健身的体验课售价无论是 199 还是 299 元，总有人购买。通过定价，我们筛选出优质的目标客户。

在 2016—2019 年平台算法不完善的时候，低价策略有一些效果。商家可以利用免费流量获得一些客户，但这仅适用于一些客单价不高的工作室。他们能在大众点评获得一些客流量，但是留存率极低。这其实是一个很大的坑，它会带来一种流量的幻象，就是店里的教练会觉得流量非常不值钱，大量的人进来，但实际上并不精准、成单率极低，对教练的能力提升也有限。大家前期觉得流量免费非常好，后来却发现这些客人成交意向很低，都是来薅羊毛的，教练想认真服务的意愿就很低了。

我们要对比一下以下这两种情况，看看哪种更好：

第一种：10 个新客人，但每个都很难成交。

第二种：3 个新客人，其中有 2 个很容易成交。

你选择哪一个？

流量不在多，在精。毕竟大家的精力都是有限的，流量进来就必须有转化。如果来 10 个客人，体验完走掉 9 个，这对于服务者团队来讲，信心会产生很大波动，容易让他们自我怀疑。

优质的流量一定是来源于老板对于产品的高度理解：什么是引流产品，什么是利润产品，要有明确的产品观和用户画像。

二、流量：如何提高门店曝光和到店率

第一种，门店自己做。

找一名优秀的平面设计人员，做好门头的设计和课程产品图片的设计。如果没有思路的话，就看一下做得比较好的连锁店，比如说威尔仕、乐刻、健萌，看这些品牌怎么设计的，从它们的产品中去找一些健身的元素和文案，如果认可它们的宣传文案，并且认为也能执行起来，就拿这些来复刻。直接“抄作业”是一种最快、最基础的运营。

第二种，找专业的公司来做。

星健身如今的推广工作是由专业公司在做的。专业公司非常熟悉这些事情，它们的主营业务就是美团和大众点评的代运营。

星健身和代运营公司签署的是全年的大众点评代运营协议，由专业团队每周做总结和计划，我们会不断地提需求，然后请他们根据需求去调。费用差不多是每月两三千元，一年大概就是三四万元。我们没有专门建立中台，所以这其实就是中台的一部分，这种方式很节省成本。

三、流程：好的流程才能承接流量

流量来了之后要通过好的流程把它过滤好，再留存下来。这像一个漏斗，流程就是滤网，最后留存出好的客户。好的流程才能承接流量。

我们在门店里，主要督导三件事：第一纳新，第二转介绍，第三续课。每个月都重点抓这三个动作，也就是业绩的三项构成元素。

2018—2019 年，我认识的几个老板，他们都是该地区大众点评上花费大量成本的店主，但是他们的店最后都倒闭了。这件事情给我的刺激很大，让我对流程有所敬畏。我不想一直依赖流量，忽视流程。如果我们公司不停地买流量，团队其实对流量是没有敬畏心的——他们没有体验过“饥饿”的感觉，就不会知道流量的珍贵，他们会不断地浪费流量。我跟那些老板聊完之后，他们就特别有感触：公司没有人做流程，也没有人想做流程，所以就天天指望老板买流量、拉新客户，最后店倒闭了。这就像游泳池，如果你一边开闸，一边放水，游泳池里的水永远满不了。

现在多数工作室在体验课流程的打磨上都做得比较好，毕竟这是大家的生命线，在体验课的环节上都是比较用心的。因为这是获客的第一个新机会，前期没有老会员，基本上都是通过这种方式来获取新会员的，所以现在的门店经营者基本上都能把这个流程标准做得很好。即使单店经营者，也会花很多精力在引流上，但毕竟刚开业没有流量，体验课的打磨一般也都会做得比较好。

但这里需要注意的是销售流程这一环节，我认为很多工作室在这方面有很大欠缺。比如说星健身早年销售流程很粗犷，当客人成交之后，我们没有向客人完整地介绍产品体系，所以当上课之后，我们希望客人能够再去了解新产品时，客人已经不想接受了。

这意味着：前期的会员教育和产品介绍的体系没做好，会极大降低客户的留存和消费。

当然，大部分工作室在早期是很难形成体系的，一般都是先有 1~2 个产品，经营一段时间后再增加到 3~4 个。所以很多工作室一开始没有办法向客户介绍很多的课程，以后再加课程的时候，客户的接受度可能就没有那么高。

但如果客户一开始接触的时候，门店就告诉他其实我有这么多的产品，客户的接受意愿跟消费意愿可能会更高。

四、流程：谁应当承担引流的工作？

在引流邀约的这个工作环节，应该由什么人来负责？我们可以分成单店型和连锁型场馆这两种情况来分析。

单店型场馆，投资人可以找一个店长来负责，这样做的好处是流量的获取不会单一化；但问题是如果店长自己也上课，那教练很可能会认为流量分配不公平，造成一些矛盾。

如果老板就是创始人，自己也天天在店里执教上课，这种就属于匠人店。老板自己直接做流量负责人是最好的，因为有很多要学习的东西，老板需要自己去学，而且这也是一种掌控。说白了，新流量所带来的 1/3 的订单业务，都是他需要自己抓紧去做的。

连锁型场馆，如果门店数量在三家以上，可以考虑雇佣一个人来负责引流工作；低于这个数字的，找代运营公司帮着做前期的基础工作就可以了，会节省大量成本。

当客户到店时，应该由谁来接待？以及由谁指定接待？

大众点评的团购订单，如果是单店型场馆，那就由负责人指定谁来负责接待；如果是连锁型场馆，就轮转到店长，再由店长去根据实际情况看谁来负责流量接待，来做承担客户的事情。

五、留存：多个产品，可以提高流量承接能力

流量少的情况下，可以做多种课程产品来提高业绩。我们店里有 6 种课程产品，等于有 6 个游泳池来蓄水。不同的课程产品，留存能力是不同的。

像常规的力量训练课程、EMS 电脉冲课程、普拉提课程，都是训练类课程，客户很少会同时上两节训练课。

但是拉伸类课程和恢复类课程，可以和其他课程一起叠加到留存客户。这类课程就可以在其他课程基础上继续转化用户，承接流量。客户消费的金额会提升，整体的感受也会更好。

“优质的流量一定是来源于老板对于产品的高度理解：什么是引流产品，什么是利润产品，要有明确的产品观和用户画像。”

“04

关于引流邀约的建议

一、创业者如何学习引流邀约流程

学习引流邀约流程的最佳方法就是去商业健身房或者去具备这类成熟体系的新型健身工作室学习一段时间。其中的门道，仅靠听课是学不到的。

事实上，大多数健身工作室的店长很难在商业健身房熬过一个月。曾经，我告诉星健身团队，他们中没有人能在商业健身房生存一个月，但团队都不相信。后来他们参加了商业健身的培训，听了一位副总裁的讲课后，他们就说：“我们在那里应该‘活’不了一个月。”

现在所有能在中国一线城市存活的工作室都是做得不错的，这些都是在2020年之前就已经开张的老店；这两年能开店的，甚至能在一线城市开店且做得非常好的，几乎都是商业健身房出身的人，因为他们之前接触的工作流程特别好，也被这种体系训练过，所以养成了这种工作习惯，流程的习惯特别好。当他们接触到客户资源时，会为客户做出更整体、更系统的介绍，客户消费的最大金额可能会被开发出来，而且他们的流转和服务流程也颇为细致。

可以说，现在做得好的运营者都是商业健身房出身的，不懂商业健身房流程的人是很难运营好工作室的。

运营的标准化流程（SOP），没有好坏之分，只是看使用的人的目的。有的人想榨干客人，有的人想给客人介绍好的产品，帮助他们建立一个好的运动习惯。不同的人运用SOP的结果也会不一样。

原来不少商业健身房的模式就是：不管客户开不开心，舒不舒服，就是逼单。今天让客户刷三万元，过两天让再刷五万元。总之，就是这种赶紧刷卡的逼单逻辑。虽然流程的设置是对的，但是他们的做法有问题。

很多有商业健身房工作经历的经营者这两年生意特别好：即使他们的门店规模不大，教练也不多，但还是能够做出百万业绩，就是因为他们的流程设计得很好，而且客户的出勤率非常高，耗课率也非常好，其实归根结底是因为流程管控得好；而很多普通的技术流工作室，业绩不好，耗课也很差，老板虽然训练内容优质但经营效益并不高。

当然，现在商业健身房也在改革，向工作室学习，大家都在相互学习。工作室在向商业健身房学习流程，学习他们曾经好的部分，商业健身房一定是有些东西做对了，所以在那个周期里才能赚到钱。

二、刚开店如何做引流

第一，如果是一线或二线城市里300平方米以下的工作室，建议是不要去做派单。如果老板或者教练的形象还不错，那就在视频号和抖音开直播，通过流量投放来吸引周边三公里的潜在客户的关注。

我们在直播中给这些潜在客户做讲解，每天在固定的时间段去做健身答疑或训练直播。训练直播指的是可以在训练的同时利用组间歇时间回答粉丝的问题。每天直播两到三个小时，坚持做这个事情，就是不断地去利他、做内容、回答用户的问题、健身答疑，这是一定能带来流量的。

第二，找大量的朋友到门店打卡、在自媒体分享内容，而不仅仅是拍照片。过去大家认为拍个照片、剪个短视频，就算完事了，现在需要写文字。因为女性用户是很喜欢看故事的。视频要拍得吸引人，照片要拍得很漂亮，文字介绍要清晰，环境、服务、专业性、设备都要介绍到。

还可以做一些激励机制。比如很多女生去奶茶店、咖啡店，写一篇探店内容去发朋友圈、小红书、大众点评，去做种草打卡，商家就可能赠送一些小礼物。这些内容的确是能够帮助提升流量、增加到店率的。

第三，在还没有那么多生意的情况下，更要想清楚到底要卖哪几种产品，把这些产品和流程优化好。只有这样，每一个流量资源进来时，才能够按照一个完整的流程做铺垫，只有这样做流量才能够价值最大化，否则如果只介绍一种课程，但过段时间又有新的课程，客人是不接受的。

三、对于单店工作室最重要的事情

第一重要的事情是老会员的续费、留存，第二重要的事情是老会员的转介绍、纳新。

其实现在行业的流量都非常枯竭，在北京、上海几乎是没有流量的，就算烧一万元，也获取不了多少精准流量。这时候就要拼留存了，但大家现在都没有精力，或者不愿意去做一个可能在三个月后才会有效果的事情，这就是工作室的机会。

四、如何添加到用户的微信

现在很多企业都喜欢用企业微信，但我们认为还是应该用个人微信。当然，这要看工作室的机制，有两种情况：

第一种，门店是投资人投资的，店长是雇佣的。这种情况就用企业微信。

第二种，如果老板是自己入股、自己上课，还每天在门店待着，就拿个人账号去加，因为企业微信虽然更正规，但是会给客户带来距离感，而个人微信能让客户感觉更亲切。这种注定就是一两家店的小店生意模型，如此操作起来人设会更好、更真实。那么，如何才可以加到潜在客户的微信呢？

在过去有很多社群的概念，比如说买菜的人都会加入到一个社群获取优惠、参加团购。如果你的工作室是社区店，那么你可以通过各种方式加入到业主群、社区团购群等本社区的微信社群，然后提供一些诸如免费健身之类的福利项目来进行引流。

另一种形式就是留二维码。比如在写字楼、灯箱广告留官方客服二维码，让感兴趣的用户通过扫二维码的形式咨询、了解。社区的社群中还经常会出现一些接龙的小程序，也可以通过发放福利的形式来获取一些周边客户的信息。

7

品牌营销

01

品牌营销是什么

一、品牌营销的三个要点

品牌营销有三个要点：定位、塑造、媒体传播。

不同的品牌有不同的定位，具体的定位需要从市场、价格、形象、人群等维度去思考；品牌塑造是将品牌与目标消费者生活中的某种事物建立联系；营销就是把内容需求放大、可视化。

品牌营销，举当下大家能理解的例子，就是可以通过抖音、小红书、B站、视频号等各种互联网媒体和电视广告、广告灯箱等线下曝光方式，把内容传导出去，让客户和团队感知。

这是品牌营销的基础概念，一般的门店也就是要做这些事情，它能够让内容经历从 0 到 n 的发展。

二、营销的定义和发展

现代营销学之父菲利普·科特勒在他的书中提到：营销是发现需求、满足需求的过程。通俗一点来说：我了解你内心想要一个东西，我就快速去找到这个东西来满足你的需求，我获得货币，你获得价值，这就是营销。

在营销的发展史里，最早的时候更多的是强销售观念，后来变成了“更轻的销售”，就是满足客户需求的按需定制。

比如说家电在2018年左右就要求柔性定制、按需生产，客户想要双开门或是三开门冰箱，工厂就按照需求来生产，这就属于按需定制。

当某个业态发展到绝对的供大于需时，整体市场就会按客户的需求导向来决定，这就是买方市场；而在早期的时候一般是需大于供，就是卖方市场，卖方市场就是强销售的逻辑。

这个规律对健身行业也适用，商业健身房早期经历了强行销售的逻辑阶段，现在正在进入买方市场的逻辑阶段：创造客户想要的，客户才会买单，而不能再像过去那样逼着客人买单。

健身行业过去是强销售逻辑，现在则是转向了营销逻辑。

三、健身行业的品牌营销特点

健身行业的品牌营销相对于其他行业来说，在本质上没有任何区别。

健身活动具备较强的周期性，看似是非刚需，但其实对于个体而言，又是一个使用频率较高的产品。

举个例子，和生活相关的一些日常活动，比如美发、美甲、美睫等，这些活动都比健身更次刚需、更低频，一个月能发生两次就差不多：美甲不可能每星期都做，也就两三周做一次；做美发、美睫，也是两周做一次就差不多了。但健身可以一个星期少则 1 次，多则 2~4 次，甚至有的人一周 7 天都去健身房。

对于大部分个体来讲，健身的频次是比餐饮消费要低的，但如果一个人养成了好习惯，健身就成了一个高频的活动，一个月可能会去 10 次健身房。

从本质上来说，健身和其他日常生活习惯的区别在哪里呢？

健身是反人性的，需要被教育的。健身需要对人们的训练出勤进行周期规划。

所以为什么在早期会强销售，因为教练需要向客户灌输训练周期的观念以及强化对训练的认知，通过强迫的手段来形成长期的消费习惯。

关于客户认知的教育，这几年有了很大的改进，这得益于互联网上健身信息的极大丰富，人们可以自行搜索，而不需要完全依靠教练的线下传授。而类似的信息早年主要靠健身教练来传播：人们到健身房里找一个专业的健身教练，这个教练可能有一个很有价值的证，比如用 7000 元学了一个亚体，教练会向你传授系统的健身理论，并且这些内容大家可能没法通过其他渠道获取。

四、品牌视觉营销的概念

品牌视觉营销是品牌营销和视觉营销的叠加，在传统的品牌营销基础上加入了一些动态感的成分。

首先，健身是偏动态的，和其他静态的场景不一样，所以其可视化、视觉化做出来的效果也非常好。比如说大家看球赛或者是看其他竞技性运动项目时，都会很投入，这是因为画面非常具有动感，很吸引人。

近 20 年来，中国健身行业所用到的海报图片大多数主角都是欧美模特，这些图片基本上都是来源于国外品牌拍摄的宣传图，或者是从国外图库下载而来。对于我国的健身从业者来说，还是应该拍国人自己的运动照片，只有这样，才能说明我们是真的具有品牌自信，并且在传播品牌的价值主张。

现在也有一些国内团队在从事本土化视觉展示的工作。比如韩克的 MFT 课程产品，就专门找中国的模特拍了很多照片，做了产品手册。我们的团队也一直在做相关训练的产品规划、日志等，通过拍摄我们自己的模特形成可视化的内容，制作成品牌视觉产品。

我们从 2018 年开始着力于品牌视觉营销，并在 2019 年再次对品牌可视化内容进行了升级，所有课程都做了可视化的产品，比如客户手册、员工手册，连价格都非常透明地展示出来了。这种方式可以达成的最直接效果就是：让客户的理解度更深，让团队进场的速度更快。

就内部员工沟通来说，健身行业和其他很多行业一样，存在着一个很大的问题：新来的员工进公司需要学习各种相应的规范，但领导教导时间有限，员工会花费比较长的时间适应工作。但现在，健身行业内开始重视新员工培训；乐刻在做平台生态，减少培训成本；中田推出了《中田年刊》，由“中田 79 问”告诉新员工中田是怎么做的。这些内容都特别棒，都可以让团队感知公司在做什么。

同样，我们做的视觉化产品可以达到同样的效果，让团队知道公司在做什么。运营白皮书会把工作方法都变成标准流程给大家。但是规章不是最重要的，最重要的是：员工如何理解这家公司的价值，了解自己能为团队、为客户带来什么。

五、视觉设计对品牌营销的影响

根据我的经验，优秀的视觉设计能帮助品牌营销提升大概 50% 的效果。

视觉是重中之重，因为一图胜千言：优质的图画传导价值极高，我们要把语言、画面、情绪混合到一起传导给消费者。视觉设计可以大幅提升产品本身的价值属性、传导商业价值。

我们通过视觉设计，直接在门店里用大屏幕滚动播放包括价格在内的一切信息，已经做了七年。但整个行业都在强调隐藏式报价，当然，现在很多商业健身房都开始调整这样的做法了。对比一下其他行业，比如消费者走进星巴克，不应该是听售货员介绍“这款咖啡 38 元，那款咖啡 45 元”。消费者都是自己去看到招牌上的图画和价格来进行选择的。

所以设计只是更好地进行引导，并且可以针对性地推广，把我们希望客人买的东西卖得更多一些，提升客户的购买率。

比如，我们专门设置拉伸区的条幅、地贴：理疗床所在的拉伸区的地面贴着广告，客户趴着做理疗时可以看到相关介绍，相当于点对点地做广告传导。我们的做法和飞机或火车座位广告的性质是一样的，每一个座位的头枕巾背面也是广告。

这些都是在做视觉触达，是视觉设计的核心：不断地在人们所有的生活应用场景、训练场景里做有效的信息触达。

02

要减少对品牌的执念

一、要具备品牌意识，但要减少对品牌的执念

我开过很多运营课，一些老板即使只运营着一两家健身工作室，听完课回去之后也会抓紧进行品牌照、团队照的拍摄，做一些品牌运营方面的尝试，这是值得鼓励的。哪怕只有一家店，对自己的服务进行拍摄和品牌运营，也能够产生品牌的差异度。拍摄之后，团队也会对自己的品牌产生自豪感。

但有一点我要反复强调，如果店铺整体年营业额在3000万元以下，那么各种活动都很难称为“品牌营销”，而只是“门店宣传”。

在非连锁的概念里，这应该叫做宣传手段和宣传意识，是一种唤醒手段；但是如果做到5家店以上，开始思考连锁化的时候，品牌营销的逻辑才真正出来。如果要做加盟品牌，管理者可能就要考量：如何通过系统的、视觉化的方式让别人可感知，这时候才需要品牌营销。

如果只有一两家店，也去重视品牌视觉化的营销，这当然是可以的，但

此时更多的是宣传手段和视觉感受的提升，还不能达到品牌营销的维度；如果有 10 家店，或者年收入可达到 3000 万元以上，就可以考虑到品牌的维度，太早着手做也没有必要。

二、品牌要到一定规模再去做吗

不管多大的买卖，任何的品牌都应该具备营销的意识。

烧饼铺也有营销，店主会用一张打印的 A4 纸写着：高峰期每个人限购 3 个烧饼。这种限定售卖的噱头，就是营销。

任何品牌都需要营销的内容和逻辑，只是如果规模比较小时可能不需要那么多包装的手段而已。在没有三五家店或者说整体的盘子没有三五千万元时，要减少对品牌的执念，不要做以下动作：为了体现 Logo 设计诸多小配件、每个器械上都体现 Logo 等——越是只有一家店的老板，越喜欢在所有的东西上都贴出自己的名字，满屋地贴 Logo。

等规模到了可以开连锁店的时候，品牌营销的逻辑是：只有一些刚需的器械或设备是标品，可以贴品牌 Logo，其余的很多器械和设备其实都是非标品，是从市场各个商店采购而来的，其实没有必要贴 Logo。

虽然我们讲，在规模较小时，品牌执念要少一些，但是，可以让客户得到感知的内容一定要多做。比如培养客户认知他的训练周期、养成习惯，让客户了解公司都有哪些服务承诺，教练都能够提供哪些训练内容等，这些内容一定要多做。而定制包、杯子、衣服，拍训练广告，这些事情意义不大，要少做。

在创办星健身之初，我们的教练颇受欢迎，并且收获了一定的业内知名度。但我们只有一家店面，即使扩展到两家，收益也未见显著提高。这是由于我们选择了一条高成本的路线，以高颜值教练、高成本投入和精品工作室为特色，这让扩张变得困难重重。因此，我们选择推出新品牌“新鲜健身”，降低成本，推出大众化产品。这种模式可以快速增加销量。

再次强调一下：要具备品牌意识，但要减少对品牌的执念。

这几年，不少老板在开一家店的时候就开始投大量的费用在品牌营销上，这种就是对于品牌有着过多的执念。这一点在做精品工作室的老板身上体现得特别明显，大多是做得相对好一点的门店，老板就特别在意自己门店的形象，但运营门店的整体精力是有限的，创业初期，一定要控制好对于品牌执念的程度。

三、执念体现在哪些方面

对于年营业额在3000万元以下的机构，要更多考虑公司的增长点在哪里，其他事情可能需要放一放。

比如拍摄可以做，因为它可以用于品牌的营销宣传，但是很多单店老板会投入特别多、不断地拍摄，这时候机构的营业额并没有增长，想要扩张也很难。最后无非是给行业做了一个参考案例，但整个机构再过几年可能就倒闭了，因为单店没有迭代就慢慢会被淘汰。

这就是执念太重造成的，过重的执念是不太利于开放合作的。

再举一个例子，比如要加盟一个品牌，很多工作室可能就一家店、300万元的年营业额，但老板就觉得自己的店也是品牌，是自己的命根子，坚决不能换，好像丢了牌子就丢了全世界。但事实上，如果放下Logo图标的执念去跟别人合作，也许可以省几年的时间，以最快的速度成长。

执念是心中和脑子里的墙，这个墙不拆，根本没法走到下一个阶段去。

所以在这个行业，聊加盟的人少，是因为大多数人的认知维度不够，没有人愿意总结经验，没有人愿意把类似《心法》的内容写成文字稿，其实这些知识可以帮助大家更高效地开花结果。

一家店的老板其实就没有必要去过多地考虑品牌概念，但这并不妨碍去做一些具体的营销动作。

03

营销要根据阶段进行

一、不同阶段做不同的事情

在品牌营销方面，不同层次的健身房要做的事情是不一样的。企业生命周期有四个阶段，分别是初创期、成长期、高速发展期、衰退期，不同阶段要干的事情也是不一样的。

在初创阶段，要考虑的是如何通过营销带来流量，如何给门店带来访客，主要是生存问题。我们自己的店面现在讨论多的也仍然是一些引流工作。这些一直都是营销的重点，或者说是品牌营销的重点。可视化营销无非也是让客人可以快速地被引流到门店。

比如说做大众点评的视频探店，做小红书的笔记、视频，这些内容能够帮助我们将更多的女性客户引流进店。

另外，宣传时重点内容的呈现方式还是很重要的，比如说我们可能会推“减肥套餐”，讲得通俗易懂一点，用“减肥”这个名词就会比“减脂”要好。

至于提升体能，很多人是难以感知的，但如果你告诉他，这门课程能够极大程度上提升你的精力，或者让你的精力充沛，助力你从易疲惫体质变成抗疲劳体质，那么这门课程可能就会吸引到很多人了。

做健身工作室的营销其实和卖营养品或保健品是一样的，就是要说到客户的心坎里，体能提升和精力旺盛，客户会选哪个？多数人能听得懂精力旺盛，但是其实是听不懂体能提升的。

所以，我们要选择用大家听得懂的内容进行视觉化。

二、只有一两家店的时候应该做什么

在你只有一两家店的时候，主要需要做的只有两件事情，招教练和招会员。

招教练时需要做的就是宣传有什么能够给教练。

招会员可以通过做抖音、大众点评的探店，做小红书的笔记、视频，这些内容的沉淀也可以作为大众点评的视频探店素材，这些都可以起到招募会员的作用。

另外，要把店铺评分做到尽可能高。

三、下一阶段要怎么做

过了这个阶段，下一步的举措就要根据店的数量来决定了。

现在全国年营业额能够超过 3000 万元的品牌工作室，可能最多也就 100 个。全国的上万家门店还是在 1~2 家店的规模打转，80% 的工作室规模都是在15家店以下的，所以多数人依旧是停留在生存维度，而不是在品牌维度上。

在开业之初1~2年的这一阶段，核心工作还是引流、拉新、获客；当你做到10家店左右的阶段，更多要考虑的是如何把标准化的流程执行落地。前者是对外的，后者是对内的。

“04

健身工作室如何启动品牌营销

一、工作室品牌营销包含的元素

从基础的层面来看，工作室品牌营销所包含的元素主要是：明确的、可视化的内容服务承诺为主题的物料，比如宣传手册、广告牌，以及网上宣传的各种文案和图片等。这些材料可以满足基础的引流获客需求，同时也可以达到一定的营销效果。

如果想要做到更进一步，那就需要开展各种活动，这非常考验工作室的运营能力，需要做易拉宝、海报、灯箱等。另外，像代金券等一系列的优惠方案的设计，如果没有中台或者总部去运营是很难做出彩的。当然，相对来说比较简单、易操作一些的活动可能就是烧烤、登山等一些户外活动。

二、如何匹配教练和品牌的调性

多数工作室是没有所谓的调性的。

目前的健身行业中，有 80% 的工作室是没有定调的，大多数人还是优先考虑数量而不是质量，因此在教练的选择上一般不会有相关的要求。

其实任何行业都一样，只有 20% 左右的从业者是有行业信仰的，他们会有自己的想法或者创新方案，但 80% 的从业者可能过一阵就离开这个行业，对这些人来讲，这只是一份工作。所以大多数老板的想法也仅仅是自己喜欢健身，就开个工作室，没有什么深度想法和定调。

大部分的老板只会等赚到钱了才会考虑升级工作室的各项业务，考量定调，但实际能在这个行业中赚到钱的人也就占整体的 20%。这时候，这些老板们开始考虑相关事宜了，他们希望与众不同，不要被淘汰掉，希望明年赚得比今年还多，所以就开始升级了，但在这之前，这些事情都不会列入考虑范围之内，老板也不可能去想教练应该是什么样的，应该是学习什么专业和学历，教练应该具备什么形象等问题。

通常，进行品牌营销需要大量的资金支持。如果机构没有足够的资金，做品牌营销可能会成为一种浪费。但是也有一些特殊情况，比如有些创始人拥有丰富的明星资源或者非常稀缺的地产信息资源等。这些资源他们不需要花费大量资金就能获得，而其他人可能需要花费很多钱来获取。

如果你拥有这些核心的稀缺资源，或者准备拿出一些资金来开路，那么品牌营销就更容易开展。

三、如何选择健身工作室的异业联盟行业

我们比较推荐与洗车、美甲、美发、宠物店等相关的业态进行异业联盟，因为这些业态的消费者普遍消费能力较强。如果在当地有一些资源，可以再

跟 4S 店合作一些试驾活动，或者和户外体育运动的相关机构合作，举办登山、野营等活动，但滑翔伞之类的运动就没必要，太危险了。

有些人认为和健康餐品牌进行合作比较好，但通过我们的实践发现，这种合作其实比较难以持久：第一，客人真的不爱吃。客人不爱吃，但是商家认为客户想吃，所以准备了这些食物。但是这对大部分客户来说是非刚需的，最多勉为其难地吃一两口。第二，健身工作室和健身餐的消费人群是高度重叠的，这种做法不能引入新流量。

工作室要的是新流量，不是给客户提供便民服务。任何人想减肥，自己就会去订健身餐，根本不需要特地去工作室，只要想吃，全城的健身餐随便挑。对于工作室教练来说，拉着客户去体验户外运动可能更有意思。

当合作的健身餐放在店里，需要健身餐的会员很少时，对于健身餐品牌来说，这也是浪费资源。最终，我们终止了这种形式的合作。一个工作室的会员数量基数本就不大，能吃健身餐的人就更少了。

上面我们提到的宠物店，那些养宠物的女性客户也许平时没健身过，但通过一个活动，没准就来训练了。这才是交叉的新客户，合作本质上不是两个能力模型相似的人合作，而应该是能力互补的合作。也有一些健身工作室与棋牌室、茶楼、旗袍店合作，其实也是同一个道理。再比如说跟婚庆公司合作，新郎新娘可能需要减肥，这就是需求。

考量合作要从需求入手，而不是从同好度或者用户属性的重叠度去考虑。

05

如何做出客户容易感知的营销动作

一、客户容易感知的营销动作

客户容易感知到的一般都是日常生活中常用的物品。

我们的客户中有不少都是女性白领或者宝妈，她们日常生活场景中经常能用到的东西有雨伞、背包、水杯等。如果将这些日常用品作为小礼品进行赠送可以打动她们，因为会常用，虽然这些东西一点都不贵，但是客户可以感知到。

拍一条看上去特别高端的广告片，天天在店里播，客户感知度会高吗？其实没有效果。但我们可以拍教练的服务细节：展示他们是怎么服务好客户的，这些都是客户可以感知到的。营销需要有营销的意识，但核心视角是以客户为中心，不是以自己的认知为中心。很多老板觉得有一两家店了，一定要在各处都打上自己的Logo，一定要重金拍摄宣传广告，这就是以老板的认知为中心，是一种品牌执念。

星健身一开始会拍摄教练形象大片，但新鲜健身的门店就没怎么拍过只关乎教练形象的片子了，而是以教练对会员的服务细节作为拍摄内容，比如说怎么做体测，怎么指导会员，都有哪些服务等，因为这是客户可以感知到的内容，或者能够更快速让客户理解我们都能为他做什么的内容。这就是利他的，而不是利己的。很多营销其实是在自我感动，有太多的老板做的品牌营销实际上是在宣传他们的 Logo，而我们的营销是告诉客户：我们能为他们做什么。

再举一个例子，当设计周年店庆活动时，我们会定做一些小物品，包括不锈钢杯、茶杯、保温杯等，还有一些颇受喜爱的小咖啡杯。同时，我们也在升级提供更好的毛巾，这些东西都可以帮客户感知到更好的服务。

但我们要提醒从业者们，第一，真的没有统一的营销动作标准；第二，营销动作很容易就会发展成为因做而做。

比如很多工作室看我们做定制雨伞：他们也去定制雨伞；看别人做手机壳，自己也来定制手机壳。但是不会想，做完之后意义是什么，到底有什么用处？我们是要把它们作为种草、打卡的礼品送出的，所以我们就会有成本的评估和考量：送出一个价值 100 元的杯子，客户会回馈多少的消费。这些都需要进行成本考量和估算。

二、礼品以外的服务形式

除了礼品，还可以通过视觉设计，将内容做得更强、更细致。另外，价格也可以更透明，服务的标准流程更广泛、更公式化，将客户关心的内容以视觉化的形式呈现出来，这些都是值得去做的。

三、健身工作室的高价值营销活动方案

一般健身工作室都是围绕着纳新、续课、转介绍三个成交的环节来开展活动，形式可以有很多种。

工作室可以做一些类似于看电影、郊游的社群活动，这类活动可以更好地提高转介绍效率；而与异业联盟的合作可能更适合去做一些纳新的工作；还可以提供一些小团体课、企业团体课或者社区团体课，也可以做某些社群服务，提高续课率。

我们每年的活动都特别固定，4、5 月份是请客户看电影。会员观看免费，会员可以带朋友来，我们还会专门定制礼品送给会员。这种活动已经连续做了七年了。

健身工作室的品牌营销其实应当是以服务为主——搞一个活动让大家参与，送一些礼品，让大家更好地感知服务流程就可以了。

其实很多工作室都会举办一些会员活动，区别只是活动中的销售动作是多还是少。相对而言，我们的销售动作特别少。但有些公司的销售动作就很多，导致活动到最后往往就没人参加了，因为客人也不傻，公司把客人拉过去就为了宰客，一次活动再消费三五万元，哪个客人还会去。

我们做了几年的免费观影，到观影日就闭店，并且要求教练全体出席，所有会员都可以来。有一次观影日赶上了大暴雨，但那天 230 个座位的影厅坐了 200 人，有些会员开着车冒雨来看电影，因为知道一年就这么一次，也不是想薅羊毛，就是觉得挺好玩的，我们把会员聚在一起，和朋友一起观看电影，然后一起去附近的餐厅吃饭。总之，我们的集体观影不会有任何多余

的动作。

我们的活动非常简单，事先统计好观影人的信息，教练负责一个一个地在影院大厅分发门票。进入影院后没有分配座位，随便坐。我们都坐在前三排，因为这些位置几乎没人会坐，最好的位置都是属于客人。

四、营销活动的花费预算

一般建议营销活动的花费预算占全年营业额的1%~2%。因为目前给予销售的提点会越来越少，所以我们应该多为会员做一些配套服务。做一次这样的观影大概是1万多元，对于门店的营业额来讲，其实就是1%多一些。

“很多营销其实是在自我感动，有太多的老板做的品牌营销实际上是在宣传他们的Logo，而我们的营销是告诉客户：我们能为他们做什么。”

8

工作室

连锁加盟

“01

健身连锁品牌的特点

一、连锁健身工作室的定义

连锁的标准应该是三家店以上。两个点可以构成线，三个点就可以构成一个面，成为一个三角形。所以，三家店具备了小型连锁的最低要求（稳定性），同时也说明这种店的运营模式经过了市场检验，具备一定的可复制性。

就目前而言，预计到2030年前，3~10家店属于小型连锁；11~30家店属于中型连锁；超过30家店已经算是大型连锁。

在2030年之后，连锁的规模要求会更高：20家店以下是小型连锁，21~50家店是中型连锁，只有达到50家店以上才算是大型——界定连锁的标准会越来越高，因为管理者具备的运营管理能力越来越强，整个行业的运营水准也越来越高。

连锁规模的大小主要受到两个限制：一是员工的基础认知、管理和培训水平；二是门店业务的规范程度。比如小型工作室想要成为连锁门店就很难。

当下，大多数管理者的认知是不够的，这会耽误工作室的发展周期。目前为止，国内真正能做到规模在10家店以上的连锁工作室可能也就50~100个，这已经是工作室进入中国经过了六年高速发展期之后的结果。

目前能够达到30家门店以上规模的品牌可能只有健萌、乐刻、中田、超级猩猩等，总共不到20个品牌，全都是巨无霸的级别了——一个20家的连锁店年营业额接近一亿元，30家店就是1亿元以上的年营业额。

一般认为，年营业额5000万元以下的都是小生意模型。多数人经营的都是10家店以下规模的品牌，也就是3000万~4000万元的年营业额，如果是在四、五线城市，营业额可能就是2000万~3000万元。所以如果超过20家店，基本上可以达到5000万元以上的年营业额了。

二、连锁品牌的特质

在健身行业里，具备两种特质的品牌容易成为连锁品牌。

第一，精细化的产品更容易形成连锁品牌。

举例来说，瑜伽馆容易形成连锁品牌。因为品类比较单一、产品和市场更加细分，所以更容易成为连锁；产品结构越复杂、越庞大，成为连锁的可能性相对来讲会更小一些，但这种可能性并不是不存在。

过往的商业健身房都是“巨无霸体量”，可以称为小型商业健身综合体，包含游泳、舞蹈、瑜伽、健身等各种品类，像是一个俱乐部，也的确有定义称之为俱乐部。俱乐部就是一个综合性的场所，可能汇聚了6~8个产品，想要做成连锁的时候就比较困难，因为每一家店的人力很难被复制到其他门店，结果就是每家店都不一样，也就不能称之为连锁品牌了。

但对于产品细分、技术领域标准化的产品，比如瑜伽、普拉提、拉伸、划船机等独立细分的领域，或者是功能性训练、运动康复、运动表现等细分领域，都比较容易形成连锁品类。

这一模式是美国的品牌连锁授权加盟的逻辑：做细分产品的市场，以瑜伽为例，全中国都可以做同一个瑜伽品牌，这种做法可能会更长效一些。

第二，地区垄断类型的品牌。

这种在地区形成连锁的逻辑实际上是绝对差异化，而不是细分化。比如，在某个小城市区域，同一品牌分别开了一家格斗馆、拉伸馆、瑜伽馆，同时每个店里都有基础健身，但每家店的主题、风格都不一样，如果规模达到了10家店左右，这也是连锁：经营逻辑是不跨出这个地区，在此区域内满足健身人群的不同需求。

这种运营模式有一个共同的问题：那就是在后端的管理发展度上不如细分产品市场模式下的连锁品牌的前景好。比如，这个品牌有少儿体适能、格斗、基础健身、瑜伽等各种品类，那么管理团队的每个人学习和计划的内容都是不同的，这样管理团队就容易缺乏竞争优势。

三、连锁健身房和餐饮连锁的区别

健身连锁难以像 7-11 便利店一样做到极致的标准化，因为 7-11 便利店大部分的产品都是民生产品，可以通过工厂进行标准化生产。但是私教课程和团课永远是人的服务，标准特别难以量化。所以健身的连锁性要比餐饮连锁至少低10倍。比如，规模最大的商业健身房连锁品牌叫Anytime有4200家店，但是赛百味的品牌连锁可以做到 5 万家店，这就是 10 倍的差距。

另外，健身对大部分人来说并不是刚需，不像餐饮可以做到一日三餐，一个月可以吃八九十餐，但是对于健身而言一个月八次就已经算是频率比较高的了，所以也是差 10 倍。能开到 100 家级别的健身工作室，就相当于能开到 1000 家级别的餐饮店。

举个例子，威尔仕有 100 家店，一年的营业额在 20 亿元左右，但 1000 家小型餐饮店的营业额大概也就如此，因为两者的消费频率不一样，单价也不一样。

从最底层的逻辑来看，个人的需求已经决定了健身不是日常用品，不可能达到类似餐饮的级别。如果中国每天都有 1 亿人口在运动，那就将形成一个极大的市场，就可以做到更透明、更低的价格；但是如果没有达到这个规模，那么健身就依旧是冲动性消费和高消费的项目，从业者一定要做高品质、高价格。

只有特别自律的相对高收入人群，才会去在意身材的细微雕刻，才会有高频次的健身行为，但是大多数人都是被生计困扰，不会选择健身。

“02

为什么市面上的连锁品牌不多

一、品类连锁需要大操盘手

对于“品类连锁品牌”的做法，能投资的人一定具有好的宏观结构。

投资者一般都会在行业内真正做过操盘手，并且都是规模超过五千万甚至一个亿元级别的项目，这些品牌更容易形成品类品牌的打法。

上海的某位社区健身工作室的老板是跨行进入健身行业的，她目前开了近 7 家健身工作室。因为她之前操盘的地产项目规模相当可观，她会先开几家店铺，再配上一个小型办公室，用中台的思路和逻辑来运营。但是，多数的工作室只做一两家店铺，怎么可能配备中台逻辑呢？这样做会减少利润。

国内的一个普拉提品牌也是这样。老板原来是国内大型连锁商业健身房的创始人，曾经有着相当可观的年营业额。所以当他来做这个普拉提品牌的时候，就以美国的连锁公司为标准，开始建立中台，并在一年内直接开了 10

家店铺。

“品类及品牌”的连锁逻辑可能只有20%的人能操作，满足二八定律，地区品牌是剩下的80%。这种做法对投资人要求高。首先，操盘逻辑要有大盘思维；其次，做的是全国性赛道，或者是一个大区域赛道，而绝不是一个地区的。一般这种想法就是：通过一个一线城市布点，二线城市布局，然后三线城市辐射，一层一层往下做，要做成一个100家店以上的品牌。

但是国内目前大部分是教练或一些地区的小老板开店，基本上做到三四十家就止步了。

思维模型不太一样，所以成为品类连锁品牌是极少数。

二、创始人基因决定连锁上限

创始人基因、创始团队的情结和过往经验已经决定了这个公司的发展宗旨。

教练开店会怎么迭代？大多就是私教会员投资，教练自己再投点钱开个店，在五至十年之内，很难发展形成真正的连锁。本身是教练出身的朱兴亮朱总创立中田是一个极其特殊的例子，乐刻、健萌、超级猩猩、Keep的创始人都不是做健身私教出身的。包括我本人在内，最早都不是健身行业内的人。

做地区品牌的创始人一般是其他行业转过来的，不具备品类品牌的思维，所以只能做地区品牌。

这其实是把商业健身房的老路再走一遍，无非原来经营的是两三千平方米的店，现在是几百平方米的店。然后就没有其他的区别了，因为人很难想像出、做出一个没有见过的生意，也不会去做一个没见过的生意，所以大多数创造性的事情在这个行业是极少见的，大多数在健身行业创造过内容的人，其实都不是本行业的人，他们做的事情是把外行业的内容夹带私货一样地带入这个行业，然后改变了这个行业里原有的一些事情。

在更早期，国内没多少“品类连锁品牌”，更多是在区域里面发展起来的。但是未来可能会出现更多“品类连锁品牌”。

在过往 20 多年的历史中，中国的商业健身房几乎都是品类的同质化，几乎都以地区的区域性战略为中心。未来如果想做到更大规模，超越上一个周期，那么一定是要做“品类连锁品牌”，在 2030 年之前，将是一个品类健身、大健康赛道、健身、瑜伽、普拉提等细分品类崛起的机会。

三、连锁和高价是矛盾的

小型连锁品牌如果再拆分的话，就会出现高端精品店，类似米其林餐厅。如果门店特别少，有两种可能：一是创始人本身可能参加过健身类的比赛，或者就是想做一两家店，小富即安；二是真正的精品高端工作室，类似星健身。

星健身只做高端课程，受客户周期影响不大，但是前期的投入极高，投资回报率特别低，要经过漫长的周期，挺过去之后就稳定了。餐饮界的新荣记也是这样，扩增特别慢，创始人张勇曾表示过“随缘”，但是他请的是安缦酒店的设计师，花两千万元来设计一家门店。新荣记餐厅消费很高，而且永远不缺客户，这就是它的运营逻辑。

在餐饮行业中，米其林星级评选一直是非常重要的，尤其是在高端、精品、非连锁的餐饮店中更是如此。“摘星”指的是获得米其林星级评选和黑珍珠评选。我认识的高端餐饮从业者，基本上都以摘星为主要目标。如果要走大众路线，他们的目标就是尽快成为连锁餐饮，开设数百家连锁店并进行加盟。

“未来如果想做到更大规模，超越上一个周期，那么一定是要做“品类连锁品牌”，在2030年之前，将是一个品类健身、大健康赛道、健身、瑜伽、普拉提等细分品类崛起的机会。”

“03

健身连锁品牌的过去与未来

一、过去 20 年为什么都在做直营

关于这个问题，其实有三个原因。

第一，财务。健身房财务的底层是预付费，负债率高，而且利润率只有5%~7%，而投资人都追求 20%~30% 的利润率，不懂财务逻辑的人不会投资健身行业。

第二，人。早期的健身业态都是小型工作室，所有教练和管理者都只有手把手传授才能学会，所以传播速度极慢。现在有小鹅通等知识付费的产品，可以快速高效地进行互联网学习，网络的发展大幅提高了行业的生产效率和认知效率。

第三，“地方资源”。当时能做连锁商业健身房的人大部分吃的都是房地产红利，所以这些人一般都有非常多的“地方资源”，一般不会离开本地去其他地方做连锁。

二、未来10年，地区连锁和过去相比有什么不同

以前从业者是这样的做法：这个地区开了10~20家店，包括瑜伽、普拉提、健身等各种品类，都靠自身的团队来管理、运营。在未来的两三年会出现如普拉提、瑜伽等品类，当地的管理者加盟各个连锁品牌，由品牌方提供运营团队和方法，从地缘的门店经营转向用户经营。

这个做法的核心是本地管理者培养的当地用户。比如，前期做健身在当地积累了2000个会员，现在新开一家瑜伽馆，管理者直接加盟一个瑜伽品牌，把用户导入新馆去训练，这实际上就是用户经营。继续发展的话，如果拉伸流行起来了，又可以同样操作一遍。

所以在未来，地区的连锁会呈现一种直营加联营托管，或者直营再加上加盟的态势，一般会是这样的具体运营模式：公司有一些早期做健身的核心团队成员，再招聘几个新成员负责对接普拉提、瑜伽等品类品牌的加盟业务，将原来专注健身服务期间积累的客户导入新品类的场馆进行训练。

可能出现一种情况：自己经营不是特别好，找一个更擅长某种业务的团队一起联营，托管给其他人来做。甚至还有一种联盟：管理者认可品牌方的系统和逻辑，通过购买培训系统等方法来实现联盟。

所以未来，联盟、联营、托管、加盟、直营等多种混合业态的组合都会出现，绝对不会是单一的，运营的成分会越来越综合化、多元化。

未来这个思路会多起来，这也是现在大型商业健身房在思考的一个方向。商业健身房现在失利是因为他们不重视人，而未来其实需要经营人，经营用户，经营教练。比如深耕一个教练，把他的价值发挥好、帮他做好服务，这

种方式是能赚钱的。

管理者类似承包商：承包这片土地，然后盖房子，但工人都不赚钱，你怎么赚钱？过去大家的关系是地主和佃户的关系：我是地主，你给我交租。但实际上我们一直做的是包工头，要善待团队，要不然他们做出的事情很难是优质的，这样我们就会被淘汰。

这种现象的产生与两个因素有很大的关系：第一，在过去，地和资源比人力要贵，人力是不缺的；但现在人力稀缺了，没有那么多人才，相对而言，人的工资也都在上涨。第二，面积。整体开店的面积都在减小，对于资源没有那么依赖。

过去是土地稀缺，能拿到一个好地段就能挣钱；但是现在，即使在好的位置，如果没有好的人，也做不好。所以人的要素就放大了，必须发挥人的潜力和能动性。

04

如何才能将连锁规模做大

一、将连锁规模做大需要什么素质

在品类品牌的发展周期里，10 多家店的阶段算是萌芽期，30 家以上才能形成高速发展，到 100~300 家店这种规模才能最终趋于稳定，在中国未来的十至二十年一定是这样。

首先，能做大的比例还是二八开，刚才说的是地区品牌和品类品牌二八开，现在说的是在品类品牌里，也是二八开的比例。在过去的二十年中，地区品牌占据了主导地位，而在未来二十年中，品类品牌将会主导市场，就像很多投资者说的那样，要看行业竞争的终局。

美国的精品健身工作室品牌 Xponential，2015 年创立，当年收购了一个普拉提工作室品牌，用了五年的时间做到超过 500 家门店，随后它又连续收购了九个品牌，去年已经在美国纳斯达克上市了。它用了七年的时间，做了 1800 家门店，其核心是加盟，有 80 多家瑜伽店，650 家店普拉提俱乐部，550

家 SuperClub，预计能发展出 3000 家门店。

要想在未来二十年内做到超过 30 家的加盟品类，需要具备两个属性：第一，中台的产品思路。越少越简洁，越容易冲破30家。第二，直营还是加盟。如果 30 家是直营店，运营是极重的。如果是加盟的，中台就会轻一些。所以突破 30 家店的 80% 都是加盟品牌。

二、如何打造 30 家店规模的品牌

连锁机构能否做到 30 家门店以上，由中台决定。

直营中台的系统非常繁重。无论它有多大的流量，为中心和运营平台赋能，做到 30 家门店是需要早期的配置和庞大的团队支持的。这个阶段往往只烧钱不赚钱，真正的盈利会在五年后出现。这是一个注重长期价值的项目，适合拥有垄断性资源和强大创始人团队的人去操盘。现阶段类似规模体量最具有代表性的连锁机构是健萌。

健萌创始人同时具备很强的创业基因和许多特殊的垄断性资源。创始人本身就是影视体系出身，拥有其他人很难具备的影视资源。此外，他们的创始团队成员都曾经管理过数千人的团队，因此自然而然地能够胜任这个工作。

健萌是直营性质的，经营了七年的时间，一共开了 42 家。我相信它可以做到 200 家，但是如果做到 200 家以上，由于点位以及管理成本的问题，经营起来可能会艰难许多。健身本身就不是一个刚性需求的生意，与餐饮有所不同。

如果是做加盟店的话，情况就不同了。因为中台只需大约30个人，就可以支持200家店。如果是30家店的话，可能中台只需要10个人。因此，这取决于中台到底是服务于直营还是加盟体系。因为加盟体系有一部分内容是由地区门店完成的，不需要参与；但是直营则需要全部统一管理，前期运营成本和搭建的难度系数都呈指数级增长。

三、百家店取决于连锁模型

在中国，直营健身工作室不是没有未来，而是很好的一个品类，因为很容易管理。但是目前有联营、托管、加盟、联盟等这些不同的连锁业态模型，在未来，健身市场最大的变化其实不是产品的变革，而是商业模型的改革。产品技术已经走到了终局，没有什么可以升级的了。

最简单的案例，就是20年前喷墨打印技术就已经到达了巅峰，核心开始转向了产品包装、成本等的变革。然而过了20年，打印机到现在依然是被佳能、惠普、爱普生这三大品牌所垄断，行业的技术已经止步。

在未来，健身工作室技术已经到顶了，核心是商业模型。最大的变化就在于连锁的逻辑：三五家店依然和单店是一样的运营模型，而且单店商业模型极其难复制，因为每一家店都有特殊性；但是连锁里最有意思的反而不是直营，而是加盟，加盟有联盟、联营、托管等各种形式，一定会占到所有连锁工作中的80%。

在未来三年会到达100家店的全都会是加盟的类型。直营的可能性极少，能够到30家店以上的大型连锁店品牌，直到2030年也不会超过十个。

四、最核心的功能模块

第一，架构的基石是商业模型，其中，流量是重中之重。投资人对未来的、长期的内容会考虑得比较多，核心是商业模型，如果成功并形成连锁之后，流量数据则是其中的重中之重。

大家都缺流量，都在造流量，想赢取曝光率。流量很重要，因为流量来了之后，可以转化成健身、瑜伽等各种细分领域的需求。所以核心是先做流量而不是技术，因为技术可以在最快时间内通过购买、培训等多种方式来搞定。

第二，人才。此处的人才指的就是执教团队和管理团队。因为如果地理位置没有问题，有流量，并且把投产比算出来之后，投资人就敢租场地了。

再强调一下，在现在的健身商业逻辑里，流量是第一位的。

五、连锁的业态需要标准化和多元化

未来的健身行业连锁业态会呈现两种形式：第一种是混合经营，包括直营、加盟、联盟、联营托管等形式，比例占到整体的 80%；第二种是单一品类的纯加盟等单一经营形式，占整体的 20%。

很多业内人士不擅长其他品类的运营，都是找品牌合作，大家进行资源与资源的合作，出现多业态合并。如果一直坚持直营，那一定是具备某种特殊资源，比如健萌。

未来会出现两种经营形式，一种是类似包工头，比如教练工会这种形式；

另一种就是地产服务商跟教练做联营：租了一个场地，把它装修得非常专业化，然后跟教练做联营合作。单体化或者是小型连锁会更趋于后者，老板能挣钱，大家也都能赚到钱。举个例子，我对某个合伙人建议，1000 平方米的健身场地要重新装修，分割成 3 个 300 平方米，找拉伸、瑜伽等品牌合作。老板作为中间商和租赁方，招一群小商户进来填位置，然后大家做分账，性质类似地产服务商。这些也都是未来的业态和模型：重新经营场地，或者经营用户，或者经营教练，都是对生产资源的重新再分配和构架。乐刻在行业内提供了一种新的商业模型，但并不是终局或者唯一答案。很多模型还在尝试更多的可能性，毕竟生产要素重构和分配的比例不同，结果也会不同。

六、连锁机构如何保证标准化

这个问题其实是没有标准答案的，我们在这里只是提供一些经验之谈。

第一，把所有能想到的标准写下来并执行，这就是标准化。

这与餐饮业的连锁管理中的道理一样。商业健身房过去习惯生搬硬套，但这些固定套路对工作室挺有用的，现在这几年其实大家一直是在对商业健身房的流程做精简和优化，形成了标准。

SOP 流程是特别重要的，能让流程标准进入到手册或者培训，形成一套系统。这样就能够达到 50% 的标准化效果。一个公司新人进来学习完 SOP 流程后通常就可以快速上手。

第二，公司要有自己的文化价值观，这是为了达成标准化目标所需要做到的另外 50%。

公司一定要有一些准则性的东西，不是流程，也不是硬性的标准，而是一种价值观的体现。这能决定公司员工的个人业绩值是否高于行业平均值。

文化价值观分两方面：一方面是理念，比如公司的使命、价值观等；另一方面是制度，比如公司的规章、流程等。在健身行业里，健萌是一个正面案例，他们一方面抓系统化，公司投入上百人在做数据系统；另一方面做思想统一，不断地和员工统一思想、对齐价值观。我们公司在文化价值观方面主要做两方面工作：一方面，不断地制作手册、规范公司制度、进行培训，每年都进行更新；另一方面，关注文化价值观，采用讲故事的形式传达文化价值观。

文化价值观的种类很多，现在和过去也不同。我们在不同的时代，通过讲述不同的案例（讲故事）和树立标杆的形式来传达公司的价值观和文化。

七、想在 3~5 家店中实现标准化具体要做什么

要做下面这两件事情，并且要建标准。

第一，要建立入职培训流程。

建立教练入职培训流程，告诉教练进来之后应该学什么，内容有思想上的，也有实际工作上的。公司价值观需要谈，这是思想上的；所有的日考勤、规章制度等内容也需要培训，这是实际工作上的。有条件的公司都应该把规章制度做成手册，这也是培训的首要内容。

第二，体验课接待流程的培训。

培训一个客户到店后完整的参观、导览、成交和执教、续费流程，这些内容覆盖了每位会员完整的商业生命周期。

另外，在引流上，一定要重视线上、线下流量的获取，这没有标准，但

可以在大众点评、小红书、抖音上持续做优化和推流；还有一些值得重视的活动，比如在新店开业前，可以通过派单、线下推广，做落地活动和外展。

这些方式都是在抓流量，都可以整理和总结，做一些标准化的营销，我们内部现在制作了营销手册，其实内容无非就是线上、线下的营销动作，从九个营销维度上来做：预售、拉新、会籍卡、体验课、卡课联合、大师推广、新客体验、续课、转介绍。这是一个完整的闭环流程。

提一个关于培训的经验教训。

整体规模如果在十家店以下，不应该设置培训总监，这样钱花得有点冤枉。花高薪雇佣一个培训总监，成本太高了，而且通过他能够获得的技能，在 3~6 个月之内就可以学习完了，有时可能还得花费更多的金钱支持他的进修。实际上，与外部培训机构合作会更具权威性，也会更划算。

如果店的规模在 3~5 家，那就没必要搭建培训系统，无须进行教练的零基础培训和继续教育培训，要通过外部合作来完成，这样最省成本。

我们早期发展最快的时候就是跟别人合作，那时我们跟遂生学府、亚体等培训机构合作，所以我们自己做的都是营销动作，全部都是营销和视觉工作，几乎不需要过多技术方面的内容。

八、品牌规模在 5 家店以上首先要做什么

第一，选址复盘。

选址不用做流程标准，但要总结。前几家店的复盘总结是最重要的。

第二，营建要开始标准化。

标准化不是做手册，是要找好的合作供应商。设计、装修公司都要采用

统一的标准来运营，保证出品越来越标准。苹果公司就是一个很好的例子。他们在全球范围内都采用相似的装修风格，标准化体现在店内的陈列、家具、灯光、音乐等各方面。这种标准化的装修风格不仅提升了客户的购物体验，也为苹果树立了一种独特的品牌形象。

所以在营建这个版块，抓装修设计公司和装修监理这两个模块的供应商非常重要。

第三，加强招聘。

因为连锁对人员能力的需求很高，所以一定要重视招聘人员的流程。如果是 10 家店左右的规模，重视 Boss 直聘以及其他线上通道和外展招聘，不断推荐教练进入体系内，完成招聘。

必须要把零基础的培训做起来，做员工入职培训手册不能再完全依靠外部的培训，一定要建自己的培训体系。几家健身行业头部连锁企业都有做内部的教培机构，我们也开办了“星健身学府”。大部分公司都有培训系统来做零基础培训和继续教育，但注意一定要和公司企业文化所需求的内容契合。

第四，加强营销类的动作。

第五，加强续课和转介绍。

采取数据化应用和管理。通过筛查数据，对营销服务动作进行优化，提升服务的客户体验感、提高续课和转介绍率。

3~10 家店规模的品牌都可以按照前三点建议进行操作，即重视选址、营建标准化和加强招聘。到了 10 家店后再考虑加强后两点。

“公司一定要有一些准则性的东西，不是流程，也不是硬性的标准，而是一种价值观的体现。这能决定公司员工的个人业绩值是否高于行业平均值。”

05

如何开始做加盟

一、开始做加盟前要做的三件事

第一，把所有的优点都变成可以做信任背书的内容。

通过品牌宣传手册、PVC 广告、电视广告等，把找出的卖点进行包装。例如，搞流量的加盟商平台流量好、人才流量好、客源流量好，这就是卖点。

第二，宣发渠道。

找这个行业里的行展做一些联盟的合作，或者做一些曝光直播，找一些信任背书，通过商业经营、管理、培训机构去做渗透和加盟。

第三，宣传。

不断地宣传已经合作的门店是如何盈利的。

以上所有步骤的本质就是通过各种形式宣传：第一步就是我能干什么；第二步就是找谁帮我干；第三步就是去宣传谁跟我合作之后赚钱了。

二、加盟费的标准和门槛

每个品牌不太一样，目前，国内一般的加盟费、品牌授权费大概是单店10万~20万元，保证金大概是10万~20万元，也就是一家门店收取20万~40万元。

加盟的时候必须设门槛，不设门槛的加盟是快招公司。

比如，有很多瑜伽类的品牌，就只收3万~10万元的加盟费。加盟了之后，品牌给点PPT资料，给一个LOGO，这能解决什么问题？这么廉价几乎不能解决任何问题。在餐饮行业里，这类公司有很多，叫作快招公司，口碑不太好。

这就是预售的翻版，这些人专门做快速招商团队，跟早期的预售团队是一样的，就是欺骗、乱承诺，让人赶紧加盟进来，进来后运营的问题都甩给加盟公司，而加盟公司无力运营，在三年之内就会消亡。

三、做加盟体系要具备什么条件

第一，要有合法性。

需要报批，并通过资质的审核，必须有两家直营超过两年的门店，才可以申请做加盟业务。

第二，要具备某个特别强势的模块。

否则的话，一定不能够支撑三年的生意。我们也一直在不断优化系统，不断满足加盟门店，否则无法支撑加盟商长期运营和赚钱。一旦加盟商不赚钱，这个生意就完结了。威尔仕的创始人王文伟反复说，如果不能让加盟商赚钱，那他宁愿不做这个生意，因为根本不可能持续下去。他一直不开加盟的原因，是认为自己如果没有把赚钱的逻辑搞明白，就不能做的。一些快速圈钱的机构倒闭得很快，就是因为他们的赚钱逻辑根本不完整，是拼凑出来的。

首先是直营店要有赚钱逻辑，先保证单店盈利模型，并且在某几个模块上要做强化，做出彩来，这才有机会去做加盟。

比如，如果要做中台和连锁，现在最核心的一定是流量。

在这一点上，我认为我们没有对流量给予足够的重视。星健身的会员稳定性高，续课和耗课也非常稳定，所以我们对于流量并没有那么渴望。曾经我们非常渴望流量，但后来发现这样做只会浪费资源。老板天天追求流量，而员工却不太关注，觉得客户会一直来。后来我们就不再过分追求流量，结果业绩反而特别稳定，而且稳定性逐年提高。这就是流量迷局。

但如果要做加盟，第一件事就是抓好流量，因为需要帮助加盟商解决开业初期的客源问题。

四、乐刻和中田连锁的特点

国内目前连锁最多的机构是乐刻和中田，这两个机构的门店数量都在1000家左右。

乐刻采取的是拿地的逻辑：让连锁的团队进来，帮他们做选址规划。乐刻初期非常在意的是：前期三个月帮门店获取初始的两三百个会员，后期帮门店获取流量。如果加盟乐刻的话，管理者就不需要考虑这些事情，减轻了运营的困难。

中田则更注重流转的系统化。虽然在大众点评全球健身商家版块中，中田是最大的，购买流量非常夸张，但其门店模型简洁，他们关注的是整个流程流转的系统化。中田的所有信息全是系统通知：装修设备什么时候到，需要多少天，都提供预警。这些可能需要有四五个人对接服务，但是中田的逻辑有点像阿米巴，采取的是无人化服务。

中田的逻辑是：中台 70 个人可以供应 1000 家店，甚至未来可能只有 100 多人就可以供应2000~3000家店，特点是无人化。这个逻辑很厉害，且它对销售的业绩没有什么要求，既不培训，也不教怎么做业绩，就提倡做服务，大道至简。

五、加盟要做好四件事情

健身最根本还是要做存量生意，本身就是一个大浪淘沙之后的存量升级，我们的客户服务理念很好，所以留存很强，但是我们对流量抓取一直不擅长。

但如果做加盟，就行情来说，不能先考虑留存，因为这是两三年后的事。做加盟是做前端的业务服务的，其实就是选址、营建、招聘和获客流量，这四个模块，就是帮你选场地，帮你装修、选设备，帮你去招教练，帮你去做第一批流量，能搞定这四个模块的都能盈利。

“01

联合创作后记

一、这本书的缘起

我在 2020 年底许下愿望：我要在 10 年内，协助 100 个不同领域的顶尖专家梳理思想和知识体系，完成他们的方法论沉淀并出版书籍。希望把这些专家们的过往经验从瞬时输出、有限空间、没有边界、受众受限的内容产出状态变为永续的、无限空间、具象化、受众广泛的状态。让专家们有更大的影响力，让社会可以通过更低成本获得专家们的经验。

2021 年初，我组建了“柏问”团队，专门为这一目的服务。

与廉老师相识后，我认为他在健身工作室运营领域的内容沉淀有极高价值，能够给更多的从业者带来借鉴和参考。我们一拍即合，准备共同创作一本能提供给健身行业从业者参考的运营管理图书。

本书以“提问型访谈”的形式进行资料收集，其中最早的一次访谈是在 2021 年 10 月 18 日进行的，最后一次是在 2022 年 11 月 2 日进行的。在从开始访谈到最终成稿的一年半时间里，我们团队的成员和廉老师几乎每周都会对本书的内容进行谈论、优化和修改。这个过程中，我们总共分为 3 个创作阶段：

阶段 1（2021 年 10 月—2021 年 12 月）：框架确立和问题梳理。廉老师先提供了 8 个模块的章节框架，随后我们对每个模块进行资料收集和问题梳理。

阶段 2（2021 年 10 月—2022 年 11 月）：访谈及文字稿整理。每次访谈，我们会对廉老师进行各个维度的提问和追问，刺激对方产生足够多且全面，足够有价值的内容。每次访谈，我们会形成 2~4 万字的文字稿。之后，双方根据初步形成的文稿进行讨论，确定优化方向和具体优化内容。最终有 70% 的文字稿内容被删除和优化，只保留 30% 的内容。

这个阶段其实又可以细分成两个时间段，第一段是 2021 年 10 月到 2022 年 5 月，我们进行了第一次全部访谈和稿件的整理，并且形成了两个册子供朋友、同事、同行们内部翻阅；第二段是 2022 年 5 月到 2022 年 10 月，我们又进行了 4~5 次的访谈，对之前的内容进行补充，特别是传统引流渠道和线上引流渠道的这部分内容。

阶段 3（2022 年 11 月—2023 年 6 月）：完成全部访谈后，团队花了半年多的时间对全部内容进行结构性的优化和调整。

在这样的流程形式下，我们最终完成了本书的内容。本书主要是以廉家润老师的经历、2 家星健身和近 20 家新鲜健身的门店运营经验作为主体展开的，作为创作者，我和廉老师在创作编写的过程中为了形成系统的框架、整理出能被所有人认知的底层逻辑，不得不反复推倒重来，并不断深挖现象背后的本质。我们曾经也考虑过减少主观性的经历和经验，增加更多普适性的总结，让这本书能够适用于所有的经营管理者，但我们发现这着实很难做到。

一是因为商业领域确实没有一套完全普遍适用于所有经营者的方法论，每个经营者面临的情况是不一样的；二是国内健身行业发展年限较短，健身工作室更是一个相对来说的新兴业态，还不足以形成能被所有人都认可的标准；三是廉老师本人的资源、能力和经历带有一定的特殊性。

上述三点必然导致本书带有一定的主观论断，因此这本书最终呈现的样子是：70% 的经营管理经验方法论总结，30% 的星健身和新鲜健身的管理经验。在完成这本书的时候，我和廉老师也都认为，在本书出版的 5 年之后，这本书中有 50% 的内容仍然具有参考价值，但有 50% 的内容可能已经不再适用。

我认为这本书的适读人群是：想要进入健身行业的创业者、开设精品工作室的老板、健身工作室的店长和准备成为经营者的教练。这本书适合与门店内的其他成员共同阅读讨论，也合适在夜深人静时独自翻看思考。本书不一定全对，但一定对你有价值。

万里之行，始于足下。无论如何，这是国内第一次有条理地梳理健身 / 瑜伽 / 普拉提等工作室管理方法的书籍，也是健身场馆中国本土化经营理论构建的第一步。

二、与廉老师的相识是我在健身行业的惊喜之一

2021 年，廉老师看了我在公众号上发布的一篇文章《万字长文：洞察健身行业的“包月私教”模式》后，加了我的微信。

在此之前，我对他也有一些了解，2015 年廉老师刚入行时，他创建的星

健身就以非常鲜明的视觉设计形象进入了整个行业的眼帘，引发了不小的轰动，之后他又频频出现在各个健身大会上宣讲，2018 年我在 ChinaFit 大会上与他有过一面之缘，但并没有进行深入的交流。2020 年，我购买过他制作的场馆课程手册和超级工作室研修班的产品手册，但也没有建立联系。

一直没有建立联系的很大一部分原因是源于当年一些同行对其评价颇为不友好：星健身的教练都颜值颇高，身材也极为符合大众的审美。廉家润老师又是媒体人和品牌人出身，对视觉上的要求颇高，正是因为这样的标准，我曾听到过不少尖酸刻薄的评价乃至诽谤，在不曾了解他之前，很难不被这样的评价所影响，心态也会发生变化。但与他多次见面聊天之后，我发现他是一个有着赤子之心的人，所以跟他做了很多交流。

廉家润对外展现的形象都非常严肃、冷静，颇有“生人勿近”之感，但我觉得他内心充满温柔和善良。他是一个在健身行业内很罕见的人，在这个行业我遇到过数百个创业团队，很少能够从一个人或者一个团队的身上看到某种未来的可能性，但廉家润让我看到了他在健身行业的未来。我觉得我们都从对方身上看到了无限可能。

2022 年初，我记录了一些与廉老师交流过程中产生的想法，这些内容立于本书的 8 个模块之外，也非常具有启发性。我曾经在我的社群内分享给 300 多位健身行业的老板们，也的确给一些门店经营者带来了实际的帮助。

现在，我将这些内容放入联合创作手记中，希望对大家有所帮助。

附　文

Part 1　关于线下健身场馆经营的四个判断

判断 1：加盟是行业趋势

做直营还是做加盟？做加盟可能更好。

你如果要开连锁，有两个选择：做直营和做开放加盟或者合伙人制。

廉老师建议尽量不做直营，而是做加盟。或者说未来的趋势，一定是做加盟的，直营的门店通常都是有比较强的资本加持，已经有比较庞大的后台人员。基本上后期大家都会去开放做加盟制，或者说都会开发做合伙人制，后期一定大概率都不会只是纯直营的。比如说乐刻、中田，包括超级猩猩也有想要做城市合伙人加盟的打算，威尔仕现在都有加盟的计划，所以加盟是一个趋势。

判断 2：不要跨区域经营，而是打透一个区域

做连锁门店，需要打透一个区域，打透以后，再去其他区域开。

如果要做连锁型的机构，通常有两种方式：一种方式是在一个区域内先快速开店复制，开足够多的店，再去下一个区域；另一种方式是在相隔甚远的多个区域，甚至全国的多个城市接连开店。比如说先在北京开一家，再去上海开第二家，接着在深圳开第三家。

廉家润推崇前者，作为健身场馆的经营者，应该尽量去把一个点位或区域给打透。如果门店想要扩张，最好的方案是在第一家门店附近 1 公里范围内开第二家、第三家、第四家，直到把一个区域打透。从开一家店到开十家店的过程中，前五家店都尽量不要出 3 公里范围。他非常建议在一个地区尽量用一个面积去不停地做裂变、做复制，因为这样才能做得很舒适，否则每一次都在给自己做加分题。比如说明明这次考试得了 90 分，但你偏要给自己增加试题难度，难度系数提高后自己就很容易考砸，考砸之后心理压力很大。

2017 年底他在成都、杭州、南京三座城市同时开设了三家店，才发现跨区域开店的方案的管理成本极高，算是花钱买了一个教训。

他认为，一座城市的打法和逻辑，在另外一座城市很难实操，在中国健身行业，除了携带互联网属性的那几个品牌以外，很少能看到跨区域的霸王。健身行业并非衣食住行这样的民生行业，很少有客户会为了一个健身房，到 2 公里以外去训练。如果你要做健身行业的品牌输出，这不是特别现实的事情，或者说不是一个很具有实操性的事情。

你只能做到，在一个区域内或者一个小范围内开店并有个不错的品牌，而这个本质上也并不是你的品牌输出，而是由于你在这个区域做了足够多的门店，管理半径很小，管理成本降低了，这个时候你在当地有一些知名度，同时也会形成一些自己的门槛和优势。

站在消费者的角度，这个经营观点也非常好理解。经常有不少读者让我推荐北京好的健身场馆或好的教练，而每次我介绍了一些不错的教练和场馆之后，许多人却会因为场馆离他 10 公里以上而动摇了上课的念头。虽然我觉得推荐的教练都是国内顶尖的教练，值得花额外的通勤成本去上课和学习，消费也不贵，但是大众消费者不会有这样的认知。大家对健身的认知就是在1公里内，最多延长到3公里范围内，才愿意去做。大众消费者都认为健身是个日常的行为，日常的行为就一定不能是太麻烦太复杂的。

2021年，国内知名健身房品牌金吉鸟出现了数十家门店倒闭的情况，我们和行业内的一些同行讨论，大家对此的评价大多是认为金吉鸟的老板周荣操之过急了，如果当年好好在江苏省发展，而不是过早进行跨区域经营，也不会落到后来的局面。2019年底，我曾经走访过金吉鸟在广州太古汇边上的门店，店面位置不佳，那时候他们正准备闭店。作为江苏地区的健身房品牌，进入广州市场，势必要与广州地区的龙头竞争，力美健在广州能够拿到更好地段、更低价格的店面，跨区域经营的品牌在异地优势全无，同时又要在跨区域经营的初期增加大量的管理成本。金吉鸟的遭遇也许就是对“打透一个区域”的案例注解。

判断3：不要给钱就让人加盟，做连锁要“立藩王”

如果要做开放加盟或者开放合伙人制，建议一定要认真筛选加盟方或合伙人，一个区域只扶持一个人，把这个区域的资源都倾斜给这个人。你必须得选择一个合适的人，如果这个人确实够强的话，就能够在地方打下一片天地。但如果这个人能力很弱，对你的品牌没有加持，反而是一种消耗。

廉家润做机构加盟，只会在一个城市或者在一个区域内，扶持1~2个加盟方。加盟方有潜力，总部就把一个城市的加盟开放给他，之后不再去扶持或者不再去开放给其他人。让加盟方至少能够在这个城市里面开20至30家店。

我觉得这是一个非常棒的思路，因为这个思路用三个字就可以讲清楚，就叫“立藩王”。加盟其实就是去扶持某一个具有潜力的人，一个能够做到很高门店数量的人。让他成为这个区域的龙头或核心，比开放给更多的其他人，砸钱就能进来的方式要好很多。这大大降低了你的管理成本，一个人管30家店，但你只需要去对接一个人，和你开30家门店并管理30个人，是完全不同的管理难度。

判断4：多产品比单一产品好

场地卡要不要有？要有！

拳击课要不要有？要有！

拉伸课要不要有？要有！

如果不是包月类的健身场馆，那么一定要尽可能有多个课程产品线，多个SKU（最小存货单位，全称为Stock Keeping Unit）。现在很多的工作室只有单一的课程产品，单一的产品即使做得再好也很难将现金流堆高，即使堆高了，持续性也容易存疑。

在廉家润的星健身里，有六种课程，分别是基础体能、拉伸、增肌、减脂、拳击、EMS电脉冲。每个课程价格不同，宣传不同，教练不同。

多条产品线的好处有以下几个：

首先，单个客户消费品类和消费金额必然增加，一个长期客户通常不止消费一个产品，大概率会消费2~3个课程产品，甚至会体验所有的课程产品。这会让场馆的现金流呈倍数增加，耗课量也会有所增加。原本一个有增肌需求的客户只购买常规私教课程，40节，消费2万元；但有多个课程品类的情况下，客户可能会购买 20 节增肌课，20 节拳击课程，20 节拉伸课程，消费 3 万元。

其次，多条产品线能够让同一个客户在多个教练间流转，可以让教练接触到更多的会员客户，有了更多开出新单和销售的机会，客户也可以体验到不同教练的教学风格。客户也会增加对场馆的认知和信任感，减少对单一教练的粘性，减少客户成为教练“私有资产”的可能性。对于健身场馆经营者来说，教练独自开馆创业并且将客户带走，是常见的风险，让客户在教练之间流转可以降低一些风险性。

再次，多条课程产品线，对教练自身的定位和差异化有不小的帮助。一个教练需要掌握多少课程产品？廉家润告诉我，2~3 个即可。每个教练精力有限，很难每个课程都掌握，每个教练掌握 2~3 个课程，也能够划分出足够的差异化，在客户面前塑造对不同教练的认知。

最后，我觉得多条产品线能够给客户带来趣味性和新奇感。这一点太重要了，一个客户能够接触到不同的课程和不同的教练，这对于他们来说是非常友好的体验。“60 节增肌私教课程”与“20 节增肌课程、20 节体能课程、10 节拳击课程、10 节拉伸课程”相比，前者看起来太过枯燥，后者看起来让人更有期待感。这种期待感也有助于客户提高出勤频次和续费率。

简单来说，多条产品线可以把教练的潜力最大化，让教练既有多个课程可以提供，同时又可以把客户的价值最大化，让客户在多个教练中流转。客户可以在场馆里选很多课，让教练接触更多的客户，这样教练、场馆、客户三方都能获得很好的提升。

Part 2 健身场馆是个好生意

线下健身场馆在我看来不是一个好生意，不好的地方在于：利润率低、高负债、极度依赖人力、标准化困难、营收上限低。我接触了很多健身行业的从业者，不少人都对健身行业线下场馆的商业模式很悲观。

而廉家润却相反，他认为健身场馆是一个好生意。他认为，如果做餐饮，常见的生命周期就是1年，家门口的餐饮店，有可能一年换3~4家，在一个地方能开3年以上的很少。健身场馆就不一样了，一个健身场馆常见的周期是3年，做的好的可以开到5年甚至10年。

他的观点很有意思，我从来没有从这个角度来思考过线下场馆的问题。

在有次直播中，他表达了这个观点，以下是他的原话：

我去年听梁宁讲的一些课，在北京做餐饮行业的店铺大概有11万家，但是每一年会倒闭大概6万家，也就是有50%~60%的店是会倒闭的，但是第二年会再开一批，其实开店的数量始终是维持在10万家左右。

餐饮的倒闭率是以一年为周期的，就是它基本在一年之内会倒闭。健身场馆可能在开业18~24个月内会出现一个现金流倒挂，连续倒挂之后，工作室可能会出现负债的危机，但在做了一些调整后，它们又能活过来，为什么？

因为健身行业是一个预付费行业。我去听很多的财务课程，有很多人都在提一个观点，就是有预付费其实是一个好生意，而健身行业是有预付费的。预付费是什么？就是一个企业长期经营的现金流。不是说我们透支客人，欺骗客人，而是说他预付费之后，可以延长你的生命周期，关键看这个钱是花在哪了。如果你拿去买车买表，中饱私囊，那你这家店就“死”定了。但是比如说，是想着怎么把门店日常的运营通过这些现金流来做得更细，怎么把该给的支出给团队，然后让店正常运营，做技术培训。那预付费就变得相当有意义了。

话说回来，我们去看餐饮，这种概念叫“速生速死”。你如果不太会做，那你几乎 3~4 个月就撑不住了，因为你每一天都要采购大量的食品。但健身行业是采购了初级器械之后就没有那么多重投资了。它前期投资是很重，但日消耗只有人员和场地房租，它的计算结构是最简单的。比如我们正常地给客人去卖私教课，然后去上课，其实不至于倒闭。除非这个老板真的是瞎搞，比如：“说把第一家店前两个月做得不错的业绩，拿来快速地去开了二店，这种情况倒闭的可能性比较高。但是如果不是这样极端操作的话，绝对不至于很快地倒闭。”

所以很多健身场馆的生命周期都是三年多。为什么都是三年多，我后来发现其实最重要的是，这些老板都没有花太大心思长期去坚持把产品内容做好。

Part 3 将产品与服务“视觉化”

廉家润最常说的一句话就是“将产品视觉化”“健身工作室要做产品视觉化呈现”。

这个经营理念我理解和消化了很久，这句话其实不能完全概括他的经营理念。其核心在于，让自己的产品在更多维度、更多空间、更多物料上产生展现，让用户被产品介绍触达更多次、更深入，让用户心智被更快占领。

一、线下门店中的产品视觉化展现

举例来说，一个私教健身工作室往往会卖很多课程，比如增肌课、减脂课、拉伸课、孕产课、拳击课、康复课等。这些课程的区别是什么？如何向客户传递这些课程的区别？

在当下的中国健身行业中，大多数场馆还是通过教练用嘴向客户传达：减脂课是什么样的，增肌课是什么样的，康复课是什么样的。不同教练讲的可能都不太一样。

我们售卖的是单价几百元、总价几万元的产品，然而大部分场馆居然没有意识到应该给自己售卖的产品进行详细的标准化的介绍。有的场馆可能有介绍册，但最多只会对每个课程写几句话的介绍，再有一个课程价格，仅此而已。

在实际经营中，做场馆的老板会发现培养教练去跟陌生访客沟通的培训成本往往很高。

陌生访客来到我们的店里面，教练更多是用嘴巴去沟通。大多数时候，课程产品的展示还是依赖教练的能力和发挥，需要教练拿出手机去展示自己的过往案例。

如果场馆能够有多个介绍册和产品手册，上面清楚地呈现出不同课程教学内容的区别，呈现出学员的案例、教练的风格、教学特点、课程规划，这一定会极大降低教练谈单的门槛，极大提高陌生访客的信任感。

陌生的访客看到这个册子，就能对你的场馆、课程、教学模式有一个非常清晰的了解。

在场馆内，除了课程手册，我们还可以通过海报的形式、电视视频的形式来从各个维度展现要售卖的产品。这些视觉呈现的产品会极高频次地触达用户，极其深入地触达用户。

试想一下，如果能够在跑步机前展示和介绍“跑步”或者“膝关节保养”等课程产品，这将会提高多少私教课程的转化率？所谓“百闻不如一见”正是如此。

廉家润的门店里有二十几本标准化的员工手册、课程手册，做到了几乎每个流程和环节都可以被模块化和标准化。教练只要掌握和理解了手册，就能够理解自己的诸多工作内容；教练只需要熟练向客户展示课程手册，客户就能够充分理解自己未来将享受到的教学和服务。

二、视觉化产品在其他行业和场景中的运用

这样的视觉化展现是否可以运用到其他行业的企业之中？

我认为是可以的，诸如银行、基金公司、设计公司、律师事务所、咨询公司，都可以制作印刷品。对外更加详细地展示自己的产品、公司理念、团队组成，对内也可以作为配备详细的品控手册、员工手册来使用。

我认为所有的公司，特别是 To C 端的公司，其实都应该去做更多视觉化的产品呈现，去做更多关于机构的印刷品。用这些视觉化的内容展示这家公司的产品、展示创始人和创始团队，展示团队的思考和理念，直接跟消费者对话。

全季酒店每个房间的床头都会摆一本创始人季琦的书，就叫《创始人手记》。这是一个非常棒的产品，因为你能够直接在酒店里与酒店的创始人直接

对话。我认为，To C 端的消费品公司，在力所能及的情况下，都应该制作一些记录创始人或者创始团队理念的印刷品提供给消费者，比如茶饮机构、美容机构、舞蹈机构等。销售是把对方拉入到你的价值体系里，只要他认同了你的价值体系，他基本上就会为你成交。而《创始人手记》这样的书籍，就是可以把消费者拉入自己价值体系内的载体。

回归到健身行业，健身场馆大多时候并没有对客户提供足够的教学以外的服务（注意我说的是教学以外的服务），这个机构可能 80% 的服务都是由教练提供的。因此学员往往对教练更加信任，而对机构的信任感不强。

那么机构应该如何向客户传递信任感呢？我认为是通过标准化的服务流程，通过团队化的服务和严格的分工，通过向客户提供教学以外的大量服务（赠送礼品、提供定制化的训练装备、提供饮品补剂）。

简单来说，机构需要做大量能够直接触达消费者的产品和活动，而不只是做通过教练触达消费者的事情。那么视觉化的“课程手册”“场馆宣传册”“创始人手记”就是其中一种直接的产品。

这样的产品，一方面降低了员工和机构对消费者的沟通成本，另一方面也把消费者拉入到了这个机构的价值体系里面，只要他认可了，他就会持续为你消费。

Part 4 把内训做成线上课程产品

廉家润给我带来的第四个重大的启发是，我们可以把自己的内部培训做成线上课程产品，也可以把线上知识付费产品变成内训流程。

健身行业的教练内部培训，常常是老教练带新教练的形式，每个新教练进来，机构都要花费一定的人力成本来进行培训，这是一件挺“重”的事情。那么有没有可能把部分培训流程录制下来，让之后入职的新教练都能够在线上完成部分内容的学习呢？廉家润的星健身就是这么做的。

这样做第一能降低至少 50% 的培训时间和成本，第二能让整个新员工的内训流程变得更规范，第三这样的内容是可以无限复用和随时迭代的，培训内容可以一直更新，甚至售卖给同行使用，这也是另一种塑造行业标准的行为。廉家润的星健身的线上课程就不仅仅提供给自己的教练使用，同时也提供给加盟商、自己培训的学员和其他同行使用，也产生了额外的一部分收入。

我想，这件事情不仅仅是健身机构需要去做，其他行业也可以借鉴。“把内训做成线上课程产品”，是在用相对低的时间和精力成本，来换取更高的员工效率提升，节省更多的培训时间。

创业型公司比较头疼的问题是没有形成完善的员工内训机制，要么对于新员工的培养基本处于放任自流或者听其自便的状态；要么要花费本就不多的人力和时间来与新员工进行沟通、培训与认知对齐。

假如创始团队通过 1 小时的视频录制，就能够将公司的主要业务、服务客群、经营理念都在录制的视频中讲清楚呢？是不是就意味着我们能够节省不少沟通的时间呢？

假如创始团队能够再花 1~2 小时录制视频讲解，对员工未来工作中需要了解的前置信息、前置技能以及目前的行业情况进行讲解，是不是员工就能够更了解创始人和创始团队的想法呢？

假如创始团队能够再花一些时间，讲解员工工作中可能会遇到的问题、工作的内容和工作的流程，以及如何与团队协作沟通，是不是就可以大大提高未来的沟通效率呢?

Part 5 尽量让员工的认知与自己保持一致

2019 年的时候，我在《健身行业最大的痛点和难点是什么?》这篇文章里提到，线下健身行业是一个劳动密集型行业。在线下，一名教练服务的客户是有限的。更令人着急的是，当下的中国健身行业非常初级，想要招聘到认同自己机构理念（如果你机构的核心理念就是赚钱，那请忽略）能力又匹配的教练几乎是难于登天。因此，招聘和内部培训的速度决定了健身机构发展速度的上限。

2020 年的时候，我与中田的创始人朱兴亮和健萌的两位创始人邓郴、李祥接触了几次，对健身行业是“人”的行业有了更深的理解。我看到，能够快速发展壮大的机构，一定是能够让优秀的人才享受到红利的机构，让优秀的人才推动企业发展的机构。

但是中田和健萌都已经是门店数量能在全国范围内名列前茅的连锁机构了，那些只有 10 家以内，甚至只有一两家门店的创始人应该怎么做呢? 我从廉家润身上也得到了一些启发。这些启发在本书中也有涉及：廉家润会经常去跟他们的团队对齐认知，去提升他们对行业的认知、对教学和服务的认知以及商业的认知，通过这样的方式，让所有的员工和教练团结在他身边。

他会经常跟他们的教练去做团建，团建的形式主要是聚餐。在他的公司里，离职的教练也可以回来参加聚餐，甚至会帮他继续做新员工的内训，他们会跟新的教练说，他当年在这里待了三四年，是怎么样的工作状态，开不开心，现在去哪里发展了。这其实就是对新教练有个榜样的作用，这其实就形成了非常强的向心力。

我觉得国内的健身机构很少能与离职的教练保持长期良好的关系，更别说回去参加团建与协助内训了。

中田其实也是在做这个事情，做得也很彻底：他们会经常地去跟他们的股东对齐认知，再让股东不断地去跟他们的教练对齐认知，这样做的好处是大家其实是在坚持着同一个信仰、同一个理念往前走的，如果没有做到的人是不合适待在我们这里的。

对员工的认知提升和认知对齐在健身行业里太重要了。

健身行业是靠人去交付的，很多人都会觉得健身行业好像是一个高精尖的技术行业，我觉得这是一个很大的误解。健身行业就是一个非常简单的劳动密集型的服务业，里面所有产品的交付都是靠人一小时、一小时地去交付的。就像卖茶叶蛋，这个茶叶蛋是靠一个个人手工做出来的，而不是靠机器做出来的。

拿餐饮界的知名品牌海底捞对比一下，他们看起来好像也是以服务为主，但本质不一样。海底捞的营收主要还是由餐饮的营收来构成的，服务只是一个它的附加值。我觉得线下健身行业比海底捞要难多了。为什么?

海底捞做的是餐饮业，餐饮业足够成熟，也有足够强大的供应链，足够成熟的标准化流程，调料包、火锅底料都是标准化的，都可以通过机器来生产，所以可以很快规模化。

而很多时候健身行业交付的产品是靠人交付的，是非标的，所以很难标准化，规模化更难。人在健身行业中是非常重要的，而中田这种认知对齐的培养，有点像是筛选制、淘汰制的，就是你能适应我的机制，你留下来，但是这种机制在早期一定是粗放的，对一些想要做精品门店的创始人是不友好的；而廉家润这种机制，我觉得会蛮适合一些对自己有要求、有标准的创始人。这类创始人我在行业内见了不少，大多数人都想打造一个水准线以上的场馆。

廉家润做了一件我很佩服的事情：他这几年在 BOSS 直聘上花了好几万元，面试了 5000 个教练。这是一件在国内很少有老板能做到的事情。

Part 6 给经营线下实体门店老板的一些建议

2021 年 7 月，我以嘉宾老师的身份参加完廉家润的培训，我特别认可他的商业思路。我认为非常值得大多数实体服务类门店的场馆去学习，他们都应该去完成以下 4 项工作：

第一个是做视觉化手册。我们做场馆的都会发现一个问题，就是陌生访客来到我们的店里面，我们的服务人员或者教练都是用嘴巴去跟他沟通，很少有门店会拿一个册子，上面写明不同的课程到底教什么，学员案例有哪些，教练的风格是什么样的，教学特点是什么样的，课程规划是什么样的。但是如果你有了这样的一个册子，你会发现所有的教练去跟陌生的访客沟通的时候，访客看了这个册子，就能对你的场馆和这些课程有一个非常清晰的了解。教练在谈单这个环节的门槛就降低了，这是很棒的事情，一定要做的。

这个册子大概就是一本书的状态，A4 纸大小，可能就 30~60 页。这样我们教练去跟陌生的访客展示的时候，能够展示出我们理念、价值观，还可以对创始人这么多年做场馆的教学的理念以及创始人自己的一些经历等有所展现。

第二个是设计员工的内训的流程和手册。线下实体门店的培训成本太高。以健身行业为例，一个教练招进来，你得手把手带，但假如你有一本员工培训手册，上面写了什么事情能做，什么事情不能做，那内训起来就能相对轻松一些。有了这样一个落实到纸上的东西，这是很清晰的，他就能够很清晰地了解到门店的很多规则。

通过与其他服务行业的老板沟通，我发现开设20家店以内线下门店的机构，基本还是采用老带新的方式来完成传帮带的工作。而有了员工的内训流程和手册之后，这件事情就会让所有的沟通成本大大降低。

线上课程也是一样的，我觉得所有的工作室，不一定都要做线上课程平台，但对员工培训的东西是可以录下来的，用来给所有的新教练做培训。这是非常有价值且复用性很高的，我们都是可以参考的。

以我自己的线下门店为例，从2018年开始，我会不断地输出大量的健身行业认知。但是之前我没有把它变成一个可以无限复用的内训流程，而是在行业内对同行做培训和上课。

廉家润的员工内训手册和线上内训课让我认为可以将老板的谈话内容和演讲内容无限复用。因为很多时候，场馆招一个新教练进来都要老板努力手把手去带，培训成本很高。

如果线下有1~5家门店的老板，可以将每次开会、每次内部培训的内容简单录制成视频，进一步转化为线上课。至少可以节约50%的培训时间。

以健身行业为例，我认为公司内训课程里，可以包含 10 个小时的健身行业认知、2 个小时的教练入行和职业发展信息、2~4 小时的场馆职业规范和服务流程，4~8 小时的技术和教学指导。

完成了这些内训流程的制定和设计之后，大家进来后首先会觉得说这个机构很完善，有一个很完善、很标准化的培训机制，其次是新员工会觉得学到东西了，第三是公司也大量节约了跟员工对齐认知的时间。

第三个，老板需要跟团队待在一起的时间更久一些，老板需要和员工更多、更频繁地对齐认知。

很多线下实体门店的老板觉得很累的原因是：员工和自己的认知经常不在一个维度，老板把员工的认知拉到自己的维度是困难的。

如果老板愿意花更多时间、花更多精力来做这个事情，把自己看到的东西分享给大家，创造更多的团建、私下聊天、聚餐的机会，这样员工的认知也会有所提高。

以我本人为例。我本身是一个特别坦诚跟真诚的人，我也是特别看人长、不看人短，希望别人好的。一个人是很难被改变的，人之所以愿意为了别人而改变是因为他觉得你这个人挺好的，挺关心他，然后他愿意因为你的爱，给你一些反馈、去试一试你说的这个东西，但仅仅是试一试而已。讲道理是没有用的，讲道理很难改变别人。

所以，我要给予员工足够的关心和爱，这样大家的认知才会跟你是一致的，行为才会是一致的。

所以，我从今年开始更加频繁地与我的员工对齐认知，创造更多的私下聊天和聚餐的机会，没事就请大家吃吃饭，没有目的性。但正是这些没有目的性的沟通，大大提高了团队协作效率，收获了更多的正向反馈。

第四个，线下实体场馆应该对学员做更多的馈赠和服务。

线下实体场馆，特别是高端服务类的场馆，必须提供给客户们更多的活动、更多的定制化礼品，去回馈和感谢我们的客户。

02

廉家润的经历

陈柏龄：先讲讲你进入健身行业之前的工作经历吧。

廉家润：我从 2000 年开始工作，最初在爱普生工作，随后加入 IT 传媒机构 CCID 从事媒体工作。我在传统媒体工作了 5 年，先后担任《中国电脑教育报》编辑和《数字生活》编辑部主任，随后又在摄影杂志《摄影之友》负责广告业务。

2005~2009 年，我创立了自己的公司并开始制作电子杂志《MANSE 俊士》和《UNMO》，累积下载量达 2000 万次，可以说是国内最早批的 PC 端动态交互电子期刊。电子杂志行业自 2007 年开始走下坡路，我的公司也随之停止运营。

2009~2015 年，我主要从事消费品牌业务，与朋友合作创立了健身服饰潮牌 GYMCOLLEGE。当时累积获得了 5000 万元的融资，并开设了 50 多家实体店。同时期，我还合作创立了一个女性护肤品牌 JULIEMOLE（茱莉茉），累积销售额达 3000 多万元。

2015 年之后，我进入健身行业并创办了星健身。

陈柏龄：这二十多年的工作经历，什么事情最让你快乐？

廉家润：我认为“从 0 到 1”是最快乐的——有一个想法，然后将其付诸实践，这件事情让我感到最快乐。其次，我喜欢看到我的项目“从 1 到 n”的发展。

陈柏龄：你过去的经历对现在做健身行业有帮助吗？

廉家润：当然有帮助。过去的经历能够帮助我快速入门任何行业。无论线上还是线下，无论互联网还是实体，给我一个月时间，我都能够抓住这个行业的底层方法论。如果我要进入餐饮行业，我认为我能够在 3 个月之内创造出家喻户晓的品牌。

因为我曾经从事过多个行业的工作。尽管媒体是我唯一没有赚到钱的行业，但这份工作却让我眼界大开。在媒体行业，我接触了上百个品牌，这些经验帮助我梳理出自己的方法论。如今，我无论想进入哪个行业，都能在最短时间内找准自己的定位、寻找对标和解决问题，这些能力都是我在媒体从业经历中培养出来的。

陈柏龄：所以，你认为你的能力由两方面构成，一是你的品牌营销能力，二是你看事情本质的能力，对吗？

廉家润：对。

陈柏龄：你现在在做的事情，你觉得能把你的这两项能力实现价值最大化吗？

廉家润：我觉得能，因为这么多年，国内的健身工作室倒闭率是非常高的，三年就是一个生命周期，能活到七年的品牌其实不多，像我们这么稳定的更少。因为我知道这个行业的需求是什么，至少在我们能力之内，能做到的我们都尽量做到。我的能力不仅帮我的机构活下来了，还活得很稳定。

陈柏龄：刚才你回答的是在健身产业里的价值最大化，其实我想表达的是：你拥有这样的能力，去做别的行业可能收益更高，从我对你的理解来看，你最强的能力是做品牌视觉营销，让机构获得持续的流量和曝光。而健身场馆并没有将你的能力在经济收益和个人价值方面实现最大化。

所以，我再问一遍，你现在做的事情，你觉得能把你的这两项能力实现价值最大化吗？

廉家润：我承认。因为健身是重资产项目，我很难退出的。上次你问我后不后悔，我说如果让我再选一次，我不会入这行。健身行业是一个非常慢的线性增长行业，我觉得线性增长不适合我，而且健身行业相对负债还高。我可能更合适做非线性增长的行业，比如娱乐、媒体行业，要么就是咨询相关的业务。

陈柏龄：我也认为你更合适去做那种指数型增长的行业。

廉家润：对，但如果再让我选一次，我不会选这个行业，而会选一个指数型增长的行业。在那样的行业里，我会有更多的价值实现。

健身行业单店投资都是百万元起步，发展也确实太慢了，而我又是特别职业化的人。我之前公司的领导，他说别人都是“爱一行干一行”，他说你是“干一行爱一行”。多数人是因为热爱、喜欢，然后去做这件事情。但是我其实是因为选了这个事情，我就一定要把这件事做好。所以现在进入健身这一行，我会想要把它做好，不会轻易退出。这是我职业化的体现。

陈柏龄：你有想过离开健身行业吗？你有想过把现在的大部分股份卖给其他人，然后做别的事情吗？

廉家润：我其实在 2021 年有想过。2020 年，我的师父威尔仕健身创始人王文伟说过要帮我把我的店收购走，但当时威尔仕属于相对偏重商业化的机构，和我们的团队价值观可能有冲突。我团队的大部分成员都跟了我 5~6 年，他们都不会接受这件事情，如果我出售了自己的门店给威尔仕，他们一定会离开。

所以将来我可能会抽出一些精力做别的事情，但我总会保留一点时间，比如我会保证自己控股来做这件事情。因为现在在健身的品牌上，我其实耽误的精力真的很少，基本都是在做像新鲜健身这些连锁的品牌，占我的时间成本非常少了，但是它长期价值很好，然后每年都有收益，我其实基本不用管。

陈柏龄：在过往这些经历里，你最骄傲的事情有哪些？

廉家润：我觉得是我进入到低谷的时候依然能保持比较良好的状态。2009 年时，我 27 岁，因首次创业亏损，外债有近 200 万元，但我依旧照常地工作、生活。当时我的好朋友刘同，在他的《谁的青春不迷茫》里写了一个关于我的故事。他说：我有一个朋友做了好几个项目，屡战屡败、屡败屡战，但是他继续负债，很快又爬起来——这个人就是我。他觉得从低谷爬上来的人是比较少的。我从低谷爬回来过，所以现在我创业的经历和心态比较稳定。

强调一下，这里不是说心态很好让我骄傲，而是我觉得有过一次低谷，但到了低谷我的状态也不错，这让我觉得是好事情，让我骄傲。

关于商业的底层逻辑

陈柏龄：前面你提到了你可以非常快速地入门并了解一个行业，能详细说说你是怎么做到的吗？

廉家润：媒体的从业经历对我有很大帮助。作为媒体，我会接触很多的品牌，当时我关注的是各个品牌的外壳。当创业之后，我发现几乎所有的行业都需要具备财税、法务、人事和营销这些知识。

因此，要了解任何行业，首先需要了解这个行业的财税、法务、人事和营销，然后进一步了解专业知识和专业逻辑，就可以抓住一个行业的基本脉络。

陈柏龄：所以你就通过抓这些不变的结构，抓到了各个行业的逻辑。

廉家润：对，我觉得做一个行业，一定要抓住不变的事物，而不是有大变化的事物。比如说，如果你想做一家能开10~20年的老店，而且这家店还能赚钱，那么市场对这家店的底层要求一定是要好吃，好吃到所有人都帮我去推广。在这个基础上有视觉营销，可以帮忙加速，但视觉营销绝对不是本质——做餐饮的本质就是要好吃。

那么，化妆品的本质是什么？其实就是安全，我们做的各种细节都是让客人感到更安全、更放心，仅此而已。

陈柏龄：明白了。那回归到健身工作室上，关于健身工作室运营管理，你的核心方法论是什么？

廉家润：我会把运营管理分为8个模块，分别是：数据化思维、文化价值观、人力资源管理、沟通领导力、课程产品化、引流邀约、品牌营销、工作室连锁加盟。

陈柏龄：在运营管理之外，投资人和创始人还需要了解什么？

廉家润：我一直认为，在门店已经开始运营和经营的情况下，运营管理是核心的内容。而投资人还需要考虑许多其他的内容。其中第一个还需要考虑的就是商业模型，即赚取什么钱、赚谁的钱；第二个是品牌定位，包括品牌的盈利点、发展潜力以及目标客户；第三个是选址，与前两个内容相辅相成；最后一个是股权和合作伙伴机制。

陈柏龄：你觉得现在从业者最需要了解什么内容？

廉家润：我觉得健身行业里很多开店做老板的人，大多数都没想清楚。我常常说，在开店之前一定要想清楚。到后来想想，我当年也没有想清楚。大多数人做店，没有想清楚就进来了，这是一定的，想清楚的是极少数的。

所以商业模式、品牌定位、选址这些对他的意义不大。来听我课的人很多都是已经开了店的，他们已经进来了，你跟他说他做错了也没有用，也不可能关店，他唯一的能做的就是改进。所以我认为《健身工作室运营管理讲义》中的这些内容非常实用。

对自身业务的看法

陈柏龄：星健身和新鲜健身各自的定位是怎么样的？

廉家润：星健身是直营模式，相当于旗舰样板店，成本高，不容易复制，运营得比较重。新鲜健身是星健身的副线，采用加盟模式，投资成本相对较轻，运营也比较轻，相对容易复制。

星健身开第二家店的时候，当时很多投资人都来找过我们，比如我们有个会员是手机游戏《刀塔传奇》的投资人，也想投资我们。其实我对这个事情没有兴趣，因为我知道，从回报率来讲很难达到他们的需求。但是投资人依然想找我聊，我和他们谈了以后，这些投资人说确实健身是一个非常重资产的门店，就打消了投资的念头。

星健身是 2015 年 4 月 26 号创立的，到当年的 6 月 6 日我们做了 100 万元的业绩。一个工作室 300 平方米，一个月左右做到 100 万元业绩，我认为这个数字已经到峰值了，甚至之后都不太可能长期保持这个业绩值。所以当时我就判断，星健身不是一家可以无限复制的门店，因为对人的要求太高了，它的定位就是高颜值的教练，而高颜值的教练是非常稀少的。

如果想要增加业绩数额，就必须做一个跟星健身不一样的产品，让这个产品去复制，最终提高我们业绩的天花板。于是就有了新鲜健身。2015 年

6 月份，我们注册了新鲜健身的商标，2016 年年底拿到了新鲜健身的商标，2017 年就开始有新鲜健身的实体店了。

新鲜健身是加盟模式，也是星健身的副线。新鲜健身保留了所有的星健身的底层逻辑，但是弱化了“人”，加强了“物”，相比星健身，它的成本和运营更轻，变得更容易复制。

同时，加盟方如果加盟了新鲜健身，我们还会帮助加盟方解决他不擅长的内容：比如运营、管理或者沟通，我们帮忙把这些项目补足，他只需要更多地去把自己的客户维护好就可以了。

陈柏龄：2015 年的时候，你是发现了健身行业缺“高颜值教练”这样的空位才进入的，还是你进来后，才发现这是一个空位？

廉家润：我是先发现空位才进来的。只是我当时不知道这个规模能做到多大，但我认为，这一定是值得做的，起码做一家单店是绝对没问题的。

我当时在做男士运动服饰品牌，需要给很多高颜值的男生拍照。工作的过程中，发现这些男生有不少是健身行业的，但是做得很不开心。而我当时正好想开个店，讨论了一下之后，我说那就主打颜值这个概念，因为我觉得用户都会被视觉吸引。

之前我做其他行业也是用视觉来吸引消费者。比如我做化妆品的精油皂，我用铁盒来包装，之后就被很多同行借鉴。那个年代，化妆品的精油皂都是用纸盒包装的，运输很容易出问题，而我在一个铁盒里放海绵，不会有任何损伤。一年之后，所有人都开始用铁盒子包装产品了。

我做的所有东西都是视觉在先，而且一般都有公共价值，比如说做精油皂的时候，也是因为发现淘宝搜索同类产品特别少，没有竞品，也没有头部品牌，而且大家不看好，但是我们就是通过这个产品直接杀入赛道的。

在星健身这个项目中，我也是使用同样的视觉逻辑：通过高颜值的教练来吸引用户。

开业第一年，我们的教练就上了湖南卫视节目《天天向上》。也是因为我们的视觉效果非常好，所以 2015 年第一年创立的时候，整个行业就都知道星健身了。

陈柏龄：别人模仿你的产品，会令你不爽吗？

廉家润：一点点。

陈柏龄：但如果你是以顾问或者咨询公司的身份，帮别人出谋划策，这时候别人模仿你的产品，会让你不爽吗？

廉家润：不会。因为我们是在帮助创建别的品牌。早期还是会不爽的，后来做多了，慢慢也就想开了。

陈柏龄：问一个稍微尖锐一点的问题，你在 2016 年开始做了健身工作室的经营管理培训“超级工作室研修班”。为什么当时你会觉得，你刚入行一年之后，就可以给那些从业多年的人去做运营指导？

廉家润：2015 年，我第一次在 FIBO CHINA 上讲课。因为他们会做统计，后来他们告诉我，我那一场的听课人数是所有教室中最多的，并且其中有一半以上听众都是这个行业的，就是投资健身房的人，而不是做工作室的人。

我们2015年入行的时候，带着很强的营销色彩，健身行业的老板们觉得我们很有特色，视觉又非常新。在2015年之前，我们没有进这个行业的时候，教练形象是相对一般的，我们进来之后其实相当于帮健身行业的教练定标了。就像威尔仕的老板王文伟说我对这个行业是有贡献的，他说你对这个行业是绝对热爱，我说我不练健身，他说跟练不练没关系，你在提高这个行业的准入门槛和标准，比如说对教练形象的标准。

当我在FIBO CHINA里面分享过几次之后，别人就跟我讲，说你这不是传统健身行业的思路，他们觉得只有外行才会有这种思路。

当时听我课的有哪些人？

第一种，像我一样想进入这个行业的老板。他们想投资，因为我也是个从外行进来投资的，所以他们会来听我的课。

第二种，教练。他们自己想开店，就想听我的，因为我把店开起来了。

第三种，在这个行业干了5年、8年、甚至10年的人，他们已经很久不出来听课学习了。我当时在喜马拉雅有录制健身工作室运营管理的音频，他们听了我的音频，就觉得我的思路跟别人都不一样，就想来听听我的现场课程。

当时不少人说自己从来不听行业内的课程，但是会听听我的，因为我的内容和别人不一样。

陈柏龄：当时你带了一种全新的商业思路进入健身行业。那么你的培训业务，又是如何构思的？

廉家润：2015年进入健身行业的时候，我就同步设计了三个Logo：星健身、新鲜健身、星健身学府。

2015年的时候，我刚入行，Star VC的创始人任泉问我：你为什么做健身？这行怎么赚钱？我回答他，这行只有5种模式能赚钱，第一种是卖时间，出售场地的应用时间和私教服务；第二种，卖人，就是卖教练，比如说星健身业务，把它做强，成为网红，那就是网红经济；第三种，卖培训，就是把经验和人叠加，变成一种商业产品，可以抽象为卖经验；第四种，卖设备，卖所有需要的道具，健身设备、供应的产品，这些都属于卖设备；第五种，卖衍生，就是售卖营养品、健康食品等。

所以我们2015年入行的时候注册商标，就已经考虑这些了。

陈柏龄：是否可以理解为，当时入行的时候，你已经拆解了整个行业的几条能赚钱的赛道，并且当时就已经选定了其中的几个赛道？

廉家润：是的，2015年我们开了第一家店，2016年我们开了第二家店，立即开培训了，因为我觉得培训是一定要做的。

陈柏龄：你在这个过程中有受到什么质疑吗？在培训方面，有人质疑你的资历，质疑你的思路吗？

廉家润：不会。在2015年年底，我刚入行没多久，就被邀请去参加讲课，当着100多位老板做分享，其中有很多连锁俱乐部的老板，他们的反馈还可以。因为我毕竟原来在阿里巴巴以及服装行业做过培训，服装行业协会每年都会请我去讲课，进入健身行业前我已经讲了三四年了。

陈柏龄：你入行的时候，招教练的标准大概是什么样的？

廉家润：我们的选择标准是高颜值，因为他们既是教练，也是视觉锤，是一种营销形象，星健身的七八个教练站在一起，形象阳光帅气，形成一个教练组合，这个行业从来没有人这么做过的。

星健身创立第一个月业绩很高，我们就知道这个生意是做对了，但是做不大，所以我们做了第二家，开了一个特别大的店，有 1000 平方米的店，这个店我们安排了 20 多个教练。

我当时还想做第三家店，设想这家店光教练、培训师就超过 50 个人，还可以接一些演艺工作的通告。当然，我们很快就发现这是不靠谱的。因为这是艺人的工作逻辑，不是教练的工作逻辑。教练需要扎扎实实每天在店里，按时长帮客户去解决问题，帮助客户提供更好的改变方法，艺人则是要面对媒体和公众。所以这两件事情根本不能混为一谈，就像打健体比赛的选手，不见得能上好课，因为他自己还要保证训练，对吧？

我们做着做着就觉得这个逻辑是矛盾的，也觉得反正完全围绕着人的生意就是很难做大的。另外，它的周期性很强，所以我们在 2015 年当时第一个月业绩很好的时候就纠结说要不要去做教练的标准化，随后，2017 年我们开始正式决定去做这件事情。我们能通过一些很标准的产品和服务，让这件事情做得更通畅一些，后来我们招教练的时候就不会再强调颜值了。

注：本次访谈时间为 2021 年 10 月 18 日。

“03

对本书的感受、看法

陈柏龄：写完这本《健身工作室运营管理讲义》后，你有什么感受？

廉家润：我觉得这本书非常有意义。我已经工作了二十多年，但这是我第一次对自己工作的内容进行系统的回顾和总结。虽然我每年都会讲课，但我从来没有进行过深入的系统总结。这是第一次，我整理出了我在这个领域的方法论和想法。

陈柏龄：你觉得这本书的内容是给什么样的人看的？

廉家润：这个手册的内容是关于运营管理的，适合管理人员使用。

如果他想成为一个优秀的管理者，比如健身工作室的店长，或者大型商业健身房的主管、经理、老板，首先可以通过手册了解运营管理的各个职位应该做什么。

这在过去是没有的，因为过去大家认为只要掌握专业知识就能行，那是

“技术 1.0”时代，而现在我们已经进入所谓的精细化运营时代——运营管理的最基本认知和内容应该成为大家的底层认知。

我们正在推广工作室运营管理的基础通识：作为管理者，应该知道哪些数据是必须看的，要关注团队的情绪状态，以及如何制定课程、产品和定价等。这些都是工作室运营的基本维度，对于店长和投资人都非常重要、实用，老板和运营者也需要了解。

陈柏龄：你对书籍出版后的影响，有什么期待？

廉家润：即便在五年后再回看这本书，我认为有 50% 的内容都还会是有价值的，另外 50% 内容或许或多或少需要改进。严格来说，不是我们做错了，而是时代在进步，我们的一些内容可能已经成了固化的、不适用的东西，发展的轨迹可能也与我们想象的不同。我认为，在五年后，50% 的内容可能会过时，但是留下来的东西是这个行业中最基础、最通识的东西，这是最有价值的部分。

陈柏龄：能留下来的这些东西会对行业有什么影响和帮助？

廉家润：我觉得能够加快大家认知的过程，让大家少走弯路，避免时间和成本的浪费。

很多人向我咨询的问题都是非常基础的知识，他们对这些内容确实很困惑。回答这些问题甚至至少需要 20~30 分钟，因为这些问题涉及到整个认知领域的盲区，你需要给他普及整个盲区的内容。这很难，有时我确实回答不过来。

还有另一种情况，有些人很想做好自己的单店，但是没有人能给出一个明确的方法，他也知道自己缺什么，很明确地想学习，但是没有好的方法。

所以通识类的东西有着特别好的用处：如果这个人真的肯花时间，用一两天的时间认真看完它，那么他的认知逻辑和盲区就会在很大程度上被填补，同时也能够获得很多方法，按照这些方法去做就可以省下很多时间，也可以提高行业的运营管理效率。

陈柏龄：如果把本书放在你自己门店的内部培训里面，你会如何使用？

廉家润：这本书出版之后，我会给团队管理者每人派发一本，让他们都看一看，这可以大大减少我的沟通成本。

实际上，我的门店合伙人路遥已经预览过了，他坐在那里看了一个小时，就说这个内容太好了，如果给团队管理层的同事都看看，可以大大减少沟通成本，大家都知道该怎么做了。

老板们说的都是近似的观念和内容，但他们需要自己的口念心法。我们现在把它写成文字，系统化地分享给别人。这不仅是把我七年的经历给复盘了，同时对于我的团队和合作门店团队来说，也都可以节省时间：他们可以快速地进入角色，快速地掌握方法，知道应该做什么和什么不能做。

陈柏龄：你给内部团队阅读讲义，会给他们布置作业吗？比如需要多久看完，看多少遍，写读书心得等。

廉家润：我会留一些作业给我的团队。因为我以后会把它作为一个考核标准，就是说如果真的想做一个店长，你需要把这本讲义看完，然后写读书笔记，我要看看你的认知是否够了。

这就相当于运营管理认知的基础模块，只要搞定这个事情，沟通时间成本会降低，而且不会走弯路。打个比喻，如果他没有实际做过运营，你上来就让他直接做、慢慢提高，这是不行的，但是我又没有时间给他教学。而现在有了这样一个教材，可以让他先把这个书读完，然后让他把认知写下来，那我看完他的认知之后就知道他做过了一定的准备工作，再让他上岗。这会比上岗之后再开始摸索要省很多时间。

陈柏龄：对于《健身工作室运营管理讲义》，你建议大家在阅读的过程中，带着一些什么样的问题来读，这样会比较有收获？

廉家润：我觉得对于小白来说，思考一个问题非常重要，那就是如果这个门店要想运营七年，你会怎么做？这是一个值得思考的问题。

但对于已经开过店的老板，特别是开过一两年还吃过亏的，一定要思考，在我们分享的一些例子中，有没有你当时的影子，你当时是怎么做的？我们经常跟别人聊天、复盘，会发现老板的心态决定了做事的方式和方法，也决定了事情的发展结果。因此，我们必须从思维上进行改变，才能有结果上的改变。

因此，我认为多思考这件事情非常重要，一定要反复思考自己当时的做法，并考虑如何改进。因为老板的行动和思考决定了公司的发展方向，而决定老板如何行动和思考的则是老板的认知和思维方式。

我们公司有些员工虽然已经离职了，但我们每年依旧会和他们一起过生日。有个员工曾经在我们店实现过百万销售额，今年我们给他过生日的时候他哭了，他说因为他从大学毕业起就没有人给他过生日，但是在我们公司，他已经过了五年的生日，从 2017 年到 2022 年。所以，如果我们没有为他庆祝生日，他也不知道谁会为他庆祝。

我认为这是公司能够长久发展的重要原因，我们都是小型企业或者工作室，在 30~40 人之间，是能够做到这些事情的，在 40 人以下都是适用的。

因此，我认为这是与众不同的。当所有人看我的内容时，我希望他们思考：如果是他们，他们会怎么做。

陈柏龄：你还有什么想对这本书的读者们说的？

廉家润：一个管理者很多时候是非常困难的。但是我认为，不管怎样，一定要尽最大的力量和能力去善待自己的团队。这可以让你走得更远。

不要过多关注网上对于员工薪酬福利的讨论，也不要天天计算成本，只有贴近自己的团队，跟自己的团队真正在一起，你才能感受到他们，也才能够感受到门店的实际情况，这样门店才会变得越来越好。

如果你远离了团队，业务一定会不好。

最后，要对自己的团队好一点。

注：本次访谈时间为 2022 年 5 月 2 日。